Basiswissen

Handels- und Gesellschaftsrecht

2017

Claudia Haack
Rechtsanwältin und Repetitorin

ALPMANN UND SCHMIDT Juristische Lehrgänge Verlagsges. mbH & Co. KG
48149 Münster, Alter Fischmarkt 8, 48001 Postfach 1169, Telefon (0251) 98109-0
AS-Online: www.alpmann-schmidt.de

Haack, Claudia
Basiswissen
Handels- und Gesellschaftsrecht

1. Auflage 2017
ISBN: 978-3-86752-533-6

Verlag Alpmann und Schmidt Juristische Lehrgänge
Verlagsgesellschaft mbH & Co. KG, Münster

Unterstützen Sie uns bei der Weiterentwicklung unserer Produkte.
Wir freuen uns über Anregungen, Wünsche, Lob oder Kritik an:
feedback@alpmann-schmidt.de

1. Teil: Handelsrecht

Das Handelsrecht ist das **besondere Privatrecht der Kaufleute**. Die Notwendigkeit für eine derartige Sonderregelung ergibt sich aus den besonderen Bedürfnissen, die Kaufleute im Rahmen des rechtsgeschäftlichen Verkehrs haben und denen das BGB nicht immer gerecht wird. Die besonderen Bedürfnisse der Kaufleute richten sich u.a. auf:

- rasche Abwicklung (z.B. unverzügliche Mängelrüge, § 377 HGB)

- Rechtsklarheit und Rechtssicherheit (z.B. §§ 5, 15, 366 HGB)

- stärkere Bindung an Bräuche und Gepflogenheiten, § 346 HGB

- Professionalität, insbesondere Entgeltlichkeit, §§ 353, 354 HGB

- Selbstverantwortung des Handelnden, §§ 348 ff. HGB

Das Handelsrecht steht nicht isoliert neben dem BGB, sondern ist ein Teil des Privatrechts. Die Vorschriften des BGB werden zum Teil ergänzt (z.B. ist § 377 HGB neben §§ 434 ff. BGB anwendbar) oder durch Sonderregelungen ersetzt (z.B. wird gemäß § 349 HGB die Einrede der Vorausklage, § 771 BGB, ausgeschlossen). Soweit im HGB nicht etwas anderes bestimmt ist, bleibt das BGB anwendbar, vgl. Art. 2 Abs. 1 EGHGB.

Zum **Handelsrecht im engeren Sinn** gehören:

- das Recht des Handelsstands (1. Buch des HGB) und

- das Recht der Handelsgeschäfte (4. Buch des HGB)

Maßgebend für die Anwendbarkeit des Handelsrechts ist der Begriff des **Kaufmanns**. Die handelsrechtlichen Vorschriften sind grundsätzlich nur anwendbar, wenn zumindest einer der Beteiligten Kaufmann ist (sogenanntes **subjektives System**, bei dem auf die beteiligten Personen abgestellt wird).

!

1. Abschnitt: Kaufmann

Die Kaufmannseigenschaft kann sich ergeben:

- kraft Betrieb eines Handelsgewerbes, vgl. § 1 Abs. 1 HGB.

- kraft Rechtsform, vgl. § 6 HGB (sogenannter Formkaufmann)

- kraft Rechtsschein (sogenannter Scheinkaufmann).

Kaufmann

I. Kaufmann kraft Betrieb eines Handelsgewerbes

1. Grundvoraussetzung = Gewerbe: jede nach außen erkennbare, erlaubte (str.), selbstständige, planmäßig auf gewisse Dauer mit Gewinnerzielungsabsicht ausgeübte Tätigkeit, die nicht „freier Beruf" ist (str.).

- ◼ nach außen erkennbar: z.B. (–) beim heimlichen Spekulieren an der Börse
- ◼ erlaubt: zivilrechtlich gültige Verträge
- ◼ (rechtlich) selbstständig, vgl. § 84 Abs. 1 S. 2 HGB
- ◼ planmäßig: auf unbestimmte Vielzahl von Geschäftsabschlüssen gerichtet
- ◼ Gewinnerzielungsabsicht: Absicht, Überschuss der Einnahme über die Ausgaben zu erzielen
- ◼ kein freier Beruf (historisch bedingt): Dienstleistung höherer Art steht im Vordergrund; z.B. Ärzte, Rechtsanwälte, etc.

2. Handelsgewerbe

- ◼ gemäß § 1 Abs. 2 HGB **Vermutung** für jeden Gewerbebetrieb, es sei denn, nach Art und/oder Umfang sind keine kaufmännischen Einrichtungen erforderlich – Eintragungspflicht, § 29 HGB, Eintragung wirkt nur deklaratorisch
- ◼ gemäß § 2 HGB sonstige gewerbliche Unternehmen, wenn im Handelsregister eingetragen – keine Eintragungspflicht, Eintragung wirkt konstitutiv
- ◼ gemäß § 3 HGB land- bzw. forstwirtschaftliche Betriebe, wenn nach Art und Umfang kaufmännische Einrichtungen erforderlich sind und im Handelsregister eingetragen – keine Eintragungspflicht, Eintragung wirkt konstitutiv
- ◼ gemäß § 5 HGB, wenn Eintragung als Kaufmann im Handelsregister und tatsächlich Gewerbe betrieben wird

II. Kaufmann kraft Rechtsform

Gemäß § 6 HGB Gesellschaft, die unabhängig vom Unternehmensgegenstand als kaufmännisch gilt, sog. **Formkaufmann:**

- ◼ GmbH, § 13 Abs. 3 GmbHG
- ◼ KGaA, § 278 AktG
- ◼ AG, § 3 AktG
- ◼ eG, § 17 Abs. 2 GenG

III. Kaufmann kraft Rechtsschein

Aus allgemeinem Rechtsschein – sogenannter **Scheinkaufmann**, § 5 HGB analog, § 242 BGB

1. Rechtsschein der Kaufmannseigenschaft durch Auftreten im Rechtsverkehr **zurechenbar gesetzt**

2. Dritter ist gutgläubig

3. Dritter hat im Vertrauen auf Rechtsschein gehandelt **(konkrete Kausalität)**

A. Kaufmann kraft Betrieb eines Handelsgewerbes

Gemäß § 1 Abs. 1 HGB ist Kaufmann im Sinne des Handelsgesetzbuchs, wer ein Handelsgewerbe betreibt. Folglich muss die ausgeübte Tätigkeit überhaupt ein **Gewerbe** darstellen (I.), dieses muss nach §§ 1 Abs. 2 ff. HGB als **Handelsgewerbe** zu bewerten sein (II.) und die betreffende Person muss **Betreiber** des Handelsgewerbes sein (III.).

I. Gewerbe

Gewerbe ist nach h.M. jede nach außen erkennbare, erlaubte, selbstständige, planmäßig auf gewisse Dauer angelegte, zum Zwecke der Gewinnerzielung ausgeübte Tätigkeit, die kein freier Beruf ist.

1. Nach außen erkennbare Tätigkeit

Die Tätigkeit muss den Geschäftspartnern erkennbar sein. Die bloße innere Absicht, ein Gewerbe zu betreiben, reicht nicht aus.

Beispiel: Die stille Beteiligung an einer Gesellschaft, die für Dritte nicht erkennbar ist, stellt mangels äußerer Erkennbarkeit kein Gewerbe dar.

2. Erlaubte Tätigkeit

Nach h.M. muss die Tätigkeit zivilrechtlich erlaubt sein, da demjenigen, der unerlaubt Geschäfte betreibt, nicht die Rechte eines Kaufmanns zustehen können. Daher dürfen die Geschäfte, die in dem Betrieb typischerweise abgeschlossen werden, nicht verboten oder sittenwidrig sein (§§ 134, 138 BGB).

Beispiel: Rauschgifthändler, Hehler, Zuhälter, Waffenschieber sind demnach keine Gewerbetreibenden.   **!**

Hinweis: Wer auf die Kaufmannseigenschaft des Betreibers eines in diesem Sinne unerlaubten Gewerbes vertraut, kann nach den Grundsätzen der Lehre vom Scheinkaufmann geschützt werden (siehe unten C.)

Nach a.A. liegt auch bei verbotenen oder sittenwidrigen Geschäften ein Gewerbe vor, da ansonsten möglicherweise eine unzulässige Begünstigung der Personen gegeben ist, die einer solchen Tätigkeit nachgehen – z.B. dadurch, dass sie keine Rügeobliegenheit trifft.

Hinweis: Auf eine öffentlich-rechtliche Erlaubnis für die Tätigkeit kommt es nicht an, vgl. § 7 HGB. So haben z.B. Verstöße gegen das Gaststättengesetz keinen Einfluss auf das Vorliegen eines Gewerbes.

3. Selbstständigkeit

Die Selbstständigkeit unterscheidet den Handelnden vom Arbeitnehmer und Beamten.

Es muss sich um eine rechtlich selbstständige Tätigkeit handeln. Gemäß § 84 Abs. 1 S. 2 HGB ist selbstständig, wer im Wesentlichen frei seine Tätigkeit gestalten und seine Arbeitszeit bestimmen kann.

Beispiel: Die Kassiererin im Supermarkt hat feste Arbeitszeiten und wird auch inhaltlich weisungsgebunden tätig. Sie ist daher unselbstständig tätig, somit ist sie eine Arbeitnehmerin und keine Gewerbetreibende.

!   *Hinweis: Auf eine wirtschaftliche Unabhängigkeit kommt es nicht entscheidend an, sodass die Abhängigkeit z.B. von Kreditgebern nicht gegen die Selbstständigkeit spricht.*

4. Planmäßig auf gewisse Dauer

Die Tätigkeit muss planmäßig auf gewisse Dauer angelegt sein. Das ist der Fall, wenn sie auf eine unbestimmte Vielzahl von Geschäftsabschlüssen gerichtet ist. Maßgeblich ist der Wille des Handelnden, während eines bestimmten Zeitraums einen ganzen Komplex gleichartiger Geschäfte abzuschließen.

Beispiel: G vermietet an der Nordseeküste in Cuxhaven jedes Jahr von Anfang Mai bis Ende Oktober Strandkörbe.

Dass G seinen Betrieb nur saisonal betreibt, steht dem Merkmal „planmäßig auf gewisse Dauer angelegt" nicht entgegen, da seine Strandkorbvermietung während eines bestimmten Zeitraums auf eine unbestimmte Vielzahl von Vermietungen gerichtet ist.

5. Gewinnerzielungsabsicht

Nach h.M. ist eine Gewinnerzielungsabsicht erforderlich. Es muss also die Absicht bestehen, einen Überschuss der Einnahmen über die Ausgaben zu erzielen. Die Gewinnerzielungsabsicht wird bei einem Privatunternehmen vermutet, muss jedoch bei einem Unternehmen der öffentlichen Hand im Einzelfall festgestellt werden.

Hinweis: Ob tatsächlich ein Gewinn erwirtschaftet wird, ist unerheblich.

Nach a.A. ist nicht die Gewinnerzielungsabsicht maßgeblich, sondern dass eine entgeltliche Tätigkeit am Markt angeboten wird. Für die Anwendung der an den Kaufmannsbegriff anknüpfenden handelsrechtlichen Sonderregelungen dürfe es nicht auf eine innere Tatsache wie die Gewinnerzielungsabsicht ankommen, sondern es müsse auf einen äußerlich erkennbaren Umstand abgestellt werden.

6. Keine freiberufliche, wissenschaftliche oder künstlerische Tätigkeit

Es darf sich nicht um eine künstlerische oder wissenschaftliche Tätigkeit oder um einen freien Beruf handeln.

Die Herausnahme dieser Tätigkeiten aus dem Gewerbebegriff ist heute allein aus historischen Gründen gerechtfertigt. Bei diesen Tätigkeiten steht die individuelle höchstpersönliche Dienstleistung höherer Art im Vordergrund, während die Leistungen von Gewerbetreibenden vornehmlich auf dem Einsatz von Produktionsmitteln und fremder Arbeitskraft beruht.

Für eine Reihe von Berufen ist gesetzlich ausdrücklich festgelegt, dass sie kein Gewerbe betreiben.

Die Aufzählung freier Berufe in § 1 Abs. 2 PartGG gilt **nicht** für den Gewerbebegriff des HGB!

Beispiele: Rechtsanwälte, § 2 Abs. 2 BRAO, Notare, § 2 S. 3 BNotO, Ärzte, § 1 Abs. 2 BundesärzteO, Zahnärzte, § 1 Abs. 4 ZahnheilkundeG, Wirtschaftsprüfer, § 1 Abs. 2 S. 2 WirtschaftsprüferO, Steuerberater, § 32 Abs. 2 S. 2 SteuerberG.

Andere Berufe fallen gewohnheitsrechtlich nicht unter den Gewerbebegriff.

Beispiele: Architekten, Schriftsteller, Dolmetscher.

Hinweis: Apotheker sind keine Freiberufler, da bei ihnen der Handel mit Waren im Vordergrund steht.

II. Handelsgewerbe i.S.v. §§ 1 Abs. 2 ff. HGB

Die Kaufmannseigenschaft gemäß § 1 Abs. 1 HGB verlangt zudem, dass es sich bei dem Gewerbe um ein Handelsgewerbe i.S.v. §§ 1 Abs. 2 ff. HGB handelt.

1. Handelsgewerbe i.S.v. § 1 Abs. 2 HGB

Gemäß § 1 Abs. 2 HGB wird **vermutet**, dass jeder Gewerbebetrieb ein Handelsgewerbe darstellt, es sei denn, dass der Betrieb nach Art und/oder Umfang keine kaufmännischen Einrichtungen erfordert.

§ 1 Abs. 2 HGB enthält zum Schutze des Rechtsverkehrs eine widerlegliche Vermutung!

Klausurhinweis: Aufgrund der Vermutung des § 1 Abs. 2 HGB kann man bei jedem Gewerbebetrieb von einem Handelsgewerbe ausgehen, solange der Sachverhalt nicht mitteilt, dass es sich um einen kleinen und/oder unkomplizierten Betrieb handelt.

Die Vermutung des § 1 Abs. 2 HGB kann widerlegt werden, indem der Gewerbetreibende darlegt und im Zweifelsfalle beweist, dass sein Betrieb nach Art und/oder Umfang keine kaufmännischen Einrichtungen erfordert.

Kaufmännische Einrichtungen i.S.v. § 1 Abs. 2 HGB sind diejenigen Einrichtungen, die ein Kaufmann für eine ordnungsgemäße Geschäftsführung benötigt – also alles, was erforderlich ist, um den Betrieb übersichtlich zu gestalten.

Beispiele: kaufmännische Buchführung, Bilanzerstellung, Inventarerrichtung.

Ob diese kaufmännischen Einrichtungen erforderlich, also objektiv notwendig sind oder nicht, ist nach **Art und Umfang des Betriebs** zu beurteilen. Wesentliche **Kriterien** sind:

- **für die Art der Geschäftstätigkeit:** Vielfalt des Geschäftsgegenstandes, Schwierigkeit der Geschäftsvorgänge, Inanspruchnahme und Gewährung von Kredit, Teilnahme am Scheck- und Wechselverkehr, lokale oder weiträumigere, vielleicht internationale Tätigkeit.

- **für den Umfang der Geschäftstätigkeit:** Umsatzvolumen, Anlage- und Umlaufvermögen, Anzahl der Beschäftigten, Größe des Geschäftslokals, Anzahl der Betriebsstätten, Filialen.

!

*Hinweis: Die Vermutung des § 1 Abs. 2 HGB ist bereits dann widerlegt, wenn der Gewerbetreibende nachweist, dass sein Betrieb entweder nur der Art **oder** nur dem Umfang nach keine kaufmännischen Einrichtungen erfordert. Die Vermutung ist natürlich erst recht widerlegt, wenn kaufmännische Einrichtungen sogar nach Art **und** Umfang nicht erforderlich sind.*

Gemäß § 14 HGB kann das Registergericht ein Zwangsgeld festsetzen, wenn jemand seinen Eintragungspflichten nicht nachkommt.

Gemäß § 29 HGB besteht für jeden Kaufmann, also auch für denjenigen, der ein Handelsgewerbe i.S.v. § 1 Abs. 2 HGB betreibt, eine **Eintragungspflicht** im Handelsregister. Im Falle des § 1 Abs. 2 HGB hat diese Eintragung jedoch lediglich **deklaratorische Wirkung**, d.h. sie begründet die Kaufmannseigenschaft nicht, sondern bekundet sie nur.

*Hinweis: Derjenige, der ein Handelsgewerbe i.S.v. § 1 Abs. 2 HGB betreibt, ist allein aufgrund dessen Kaufmann i.S.v. § 1 Abs. 1 HGB (sogenannter **Istkaufmann**). Ob eine Eintragung im Handelsregister erfolgt ist oder nicht, ist für die Kaufmannseigenschaft unerheblich.*

2. Handelsgewerbe i.S.v. § 2 HGB

Nach § 2 S. 1 HGB gilt ein gewerbliches Unternehmen, dessen Gewerbetrieb nicht schon nach § 1 Abs. 2 HGB Handelsgewerbe ist, als Handelsgewerbe, wenn die Firma des Unternehmens in das Handelsregister eingetragen ist. Zu einer solchen Eintragung ist der Gewerbetreibende berechtigt, aber nicht verpflichtet, vgl. § 2 S. 2 HGB.

Demnach hat ein Kleingewerbetreibender, dessen Betrieb nach Art und/oder Umfang keine kaufmännischen Einrichtungen erfordert, die Wahl: er kann Kaufmann werden, indem er die Firma seines Unternehmens ins Handelsregister eintragen lässt, er kann sich aber auch dagegen entscheiden (sogenannter **Kannkaufmann**). Für den Kleingewerbetreibenden besteht folglich **keine Eintragungspflicht**, lässt er die Eintragung allerdings vornehmen, so hat sie **konstitutive Wirkung**.

Hinweis: Wenn ein Kleingewerbetreibender sich als Kaufmann im Handelsregister eintragen lässt, ist er mit der Eintragung Kaufmann gemäß § 1 Abs. 1 HGB, sodass sämtliche HGB-Vorschriften für ihn gelten. !

Der Kleingewerbetreibende, der sich als Kaufmann hat eintragen lassen, kann gemäß § 2 S. 3 HGB jederzeit die Löschung der Firma beantragen, sodass er mit der Löschung die Kaufmannseigenschaft wieder verliert. Die beantragte Löschung erfolgt allerdings nicht, wenn sein Betrieb mittlerweile nach Art und Umfang kaufmännische Einrichtungen erfordert, sodass eine Eintragung nach § 1 Abs. 2 HGB geboten ist.

3. Handelsgewerbe i.S.v. § 3 HGB

Gemäß § 3 Abs. 1 HGB finden die Vorschriften des § 1 HGB auf den Betrieb der Land- und Forstwirtschaft keine Anwendung, sodass derjenige, der ein land- oder forstwirtschaftliches Gewerbe oder Nebengewerbe betreibt, nicht allein wegen dieser Tätigkeit Kaufmann ist.

Unter Landwirtschaft versteht man die Gewinnung pflanzlicher und tierischer Rohstoffe durch Landbau sowie deren Weiterverarbeitung, wobei die eigene Bodennutzung maßgeblich ist. Demgegenüber umfasst Forstwirtschaft die Gewinnung von Waldprodukten durch planmäßiges Auf- und Abforsten sowie deren Verwertung.

Land- und Forstwirte können sich gemäß § 3 Abs. 2, 3 HGB im Handelsregister eintragen lassen, wenn ihr Gewerbe oder Nebengewerbe kaufmännische Einrichtungen nach Art und Umfang erfordert (sogenannter **Kannkaufmann**). Mit der Eintragung gilt der Betrieb als Handelsgewerbe und der Gewerbetreibende ist Kaufmann gemäß § 1 Abs. 1 HGB.

Die Formulierung in § 3 Abs. 1 HGB, wonach der gesamte § 1 HGB keine Anwendung findet – also auch der § 1 Abs. 1 HGB, ist nach allgemeiner Ansicht ein Versehen des Gesetzgebers.

*Hinweis: Für den Land- oder Forstwirt besteht folglich **keine Eintragungspflicht**, lässt er sie allerdings vornehmen, so hat sie **konstitutive Wirkung**.*

Hat sich ein Land- oder Forstwirt im Handelsregister eintragen lassen, so kann er seine Löschung im Handelsregister nicht nach Belieben verlangen, sondern diese ist nur möglich, wenn sein Betrieb zum Zeitpunkt des Antrags keine kaufmännischen Einrichtungen mehr erfordert, vgl. § 3 Abs. 2 Hs. 2 HGB.

4. Handelsgewerbe i.S.v. § 5 HGB

Entgegen des (missglückten) Wortlauts ist die Norm nach h.M. von Amts wegen zu berücksichtigen.

Nach § 5 HGB kann bei einer Eintragung der Firma im Handelsregister nicht geltend gemacht werden, dass das unter der Firma betriebene Gewerbe keine Handelsgewerbe sei. Infolgedessen gilt der Betrieb als Handelsgewerbe und der Gewerbetreibende ist Kaufmann gemäß § 1 Abs. 1 HGB (sogenannter **Fiktivkaufmann**).

§ 5 HGB verlangt allerdings, dass überhaupt noch ein Gewerbe betrieben wird.

Hinweis: Ein eingetragenes Kleingewerbe gilt bereits nach § 2 HGB als Handelsgewerbe. Daher ist umstritten, ob § 5 HGB daneben überhaupt einen eigenen Anwendungsbereich hat: Zum Teil wird angenommen, § 5 HGB sei neben §§ 2, 3 HGB bedeutungslos. § 2 HGB greift jedoch nur ein, wenn eine auf die Erlangung der Kaufmannseigenschaft gerichtete Willenserklärung vorliegt. Daher ist nach a.A. § 5 HGB anwendbar, wenn irrtümlich von einer Eintragungspflicht gemäß § 1 Abs. 2 HGB i.V.m. § 29 HGB ausgegangen wird bzw. die Anmeldung zur Eintragung gänzlich fehlt oder nichtig ist. Ferner ist § 5 HGB nach dieser Ansicht einschlägig, wenn ein Handelsgewerbe i.S.v. § 1 Abs. 2 HGB zu einem Kleingewerbe herabsinkt. Entscheidungserheblich ist dieser Streit jedoch nicht, da sich das Handelsgewerbe entweder aus §§ 2, 3 HGB und/oder aus § 5 HGB herleiten lässt.

III. Betreiber des Handelsgewerbes

Liegt ein Handelsgewerbe vor, so ist derjenige Kaufmann, der es „betreibt". Für die Ermittlung des Betreibers des Handelsgewerbes werden zwei unterschiedliche Ansätze vertreten, die sich nur geringfügig unterscheiden:

- Nach einer Ansicht wird angenommen, dass derjenige das Handelsgewerbe betreibt, **in dessen Namen** das Handelsgewerbe ausgeübt wird.

- Nach anderer Ansicht ist derjenige Betreiber, der aus den im Unternehmen geschlossenen Geschäften **berechtigt und verpflichtet** wird.

B. Kaufmann kraft Rechtsform

Die für Kaufleute geltenden Vorschriften finden gemäß § 6 Abs. 1 HGB auch auf die Handelsgesellschaften Anwendung. Nach § 6 Abs. 2 HGB gelten bestimmte Gesellschaften auch dann als Handelsgesellschaften, wenn sie kein Handelsgewerbe betreiben. Diese Gesellschaften sind also unabhängig vom Unternehmensgegenstand allein kraft ihrer Rechtsform Kaufleute (sogenannter **Formkaufmann**).

Beispiele: Formkaufleute i.d.S. sind die GmbH, § 13 Abs. 3 GmbHG, die AG, § 3 Abs. 1 AktG, die KGaA, § 278 Abs. 1 AktG, die eingetragene Genossenschaft (eG), § 17 Abs. 2 GenG.

Klausurhinweis: *OHG und KG sind keine Formkaufleute, sondern müssen ein Handelsgewerbe i.S.v. §§ 1 Abs. 2 ff. HGB betreiben, vgl. §§ 105, 161 HGB.*   **!**

C. Kaufmann kraft Rechtsschein

Schließlich muss sich derjenige, der im Rechtsverkehr als Kaufmann auftritt, nach allgemeinen Rechtsscheinsregeln gegenüber gutgläubigen Dritten auch als Kaufmann behandeln lassen, §§ 5 HGB analog, 242 BGB (sogenannter **Scheinkaufmann**).

Voraussetzung ist, dass der Betroffene den Rechtsschein der Kaufmannseigenschaft durch sein Auftreten im Rechtsverkehr zurechenbar gesetzt hat, der Dritte gutgläubig ist und im Vertrauen auf den gesetzten Rechtsschein gehandelt hat (konkrete Kausalität).

Klausurhinweis: *Bei der Prüfung der Kaufmannseigenschaft sollte man im Rahmen seiner Vorüberlegung darauf achten, ob im Sachverhalt der Klausur eine Eintragung im Handelsregister erwähnt ist oder nicht: Ist von einer solchen Eintragung im Handelsregister die Rede gilt das Gewerbe, wenn es noch betrieben wird, gemäß § 5 HGB als Handelsgewerbe. Enthält der Sachverhalt die Information, dass keine Eintragung im Handelsregister erfolgt ist, entfallen automatisch alle Möglichkeiten, bei denen die Eintragung konstitutiv wirkt – also §§ 2, 3, 5, 6 HGB, sodass man sich zunächst auf die Prüfung eines Handelsgewerbes i.S.v. § 1 Abs. 2 HGB konzentrieren kann. Des Weiteren könnte sich die Kaufmannseigenschaft in diesem Fall noch aus den Rechtsscheinsregeln ergeben (Scheinkaufmann).*   **!**

1. Woraus kann sich die Kaufmannseigenschaft ergeben.

1. Die Kaufmannseigenschaft kann sich ergeben kraft Betrieb eines Handelsgewerbes, vgl. § 1 Abs. 1 HGB. Ferner kann sie sich ergeben kraft Rechtsform, vgl. § 6 HGB und kraft Rechtsschein.

2. Was ist ein Gewerbe im handelsrechtlichen Sinn?

2. Gewerbe ist nach h.M. jede nach außen erkennbare, erlaubte, selbstständige, planmäßig auf gewisse Dauer angelegte, zum Zwecke der Gewinnerzielung ausgeübte Tätigkeit, die kein freier Beruf ist. Das Merkmal „erlaubt" verlangt zivilrechtlich gültige Verträge, der Aspekt „selbstständig" erfordert rechtliche Selbstständigkeit i.S.v. § 84 Abs. 1 S. 2 HGB. „Planmäßig auf gewisse Dauer angelegt" ist eine Tätigkeit, die auf eine unbestimmte Vielzahl von Geschäftsabschlüssen gerichtet ist. Die „Gewinnerzielungsabsicht" ist die Absicht, einen Überschuss der Einnahmen über die Ausgaben zu erzielen und wird bei Privatunternehmen vermutet.

3. Wie prüft man das Vorliegen eines Handelsgewerbes?

3. Aufgrund der Vermutung des § 1 Abs. 2 HGB geht man bei Vorliegen eines Gewerbes zunächst davon aus, dass ein Handelsgewerbe gegeben ist. Dann muss geklärt werden, ob der Sachverhalt Informationen enthält, die darauf hinweisen, dass der Gewerbebetrieb nach Art und/oder Umfang keiner kaufmännischen Einrichtungen bedarf. Ist die Vermutung widerlegt, kann das Gewerbe kraft Eintragung als Handelsgewerbe gelten, §§ 2, 3, 5 HGB.

4. Wer ist ein Formkaufmann?

4. Formkaufleute sind bestimmte Gesellschaftsformen, die unabhängig vom Unternehmensgegenstand allein kraft ihrer Rechtsform Kaufleute sind, vgl. § 6 Abs. 2 HGB (GmbH, § 13 Abs. 3 GmbHG, AG, § 3 Abs. 1 AktG, KGaA, § 278 Abs. 1 AktG, eingetragene Genossenschaft (eG), § 17 Abs. 2 GenG).

5. Wer ist ein Scheinkaufmann?

5. Derjenige, der im Rechtsverkehr als Kaufmann auftritt, muss sich nach allgemeinen Rechtsscheinsregeln gegenüber gutgläubigen Dritten auch als Kaufmann behandeln lassen, §§ 5 HGB analog, 242 BGB (sogenannter Scheinkaufmann). Der Betroffene muss den Rechtsschein der Kaufmannseigenschaft durch sein Auftreten im Rechtsverkehr zurechenbar gesetzt haben, der Dritte muss gutgläubig sein und im Vertrauen auf den gesetzten Rechtsschein gehandelt haben (konkrete Kausalität).

2. Abschnitt: Die Handelsfirma

A. Firmenführungsrecht

I. Begriff

Die Firma ist der Name des Kaufmanns, unter dem er seine Geschäfte betreibt, § 17 Abs. 1 HGB.

Hinweis: Die Firma im juristischen Sinne ist daher nicht das Unternehmen oder der Betrieb! !

Die Firma ist der Name des Unternehmensträgers – also des Einzelkaufmanns oder der Gesellschaft.

II. Grundsätze der Firmenbildung

Eine Firma kann heutzutage als Personalfirma – abgeleitet aus dem Namen des Kaufmanns – oder als Sachfirma – abgeleitet aus dem Gegenstand des Unternehmens – oder als Phantasie- oder Mischfirma gebildet werden. Zum Schutze des Rechtsverkehrs enthalten die §§ 18 ff. HGB zwingende Regelungen über die Firmenbildung. Es gelten folgende Firmengrundsatze:

1. Firmenwahrheit

Gemäß § 18 Abs. 2 HGB darf die Firma keine Angaben enthalten, die zur Irreführung geeignet sind; zudem ist gemäß § 19 HGB ein Rechtsformzusatz erforderlich.

Beispiel: Einzelkaufmann firmiert mit dem Zusatz „e.K."; offene Handelsgesellschaft firmiert mit dem Zusatz „OHG"

2. Firmeneinheit

Der Kaufmann darf zur Vermeidung von Täuschungen im Rechtsverkehr für ein- und dasselbe Unternehmen nur eine Firma führen. Zweigniederlassungen dürfen jedoch nach h.M. eine selbstständige Firma führen. Dabei muss der Name der Hauptniederlassung genannt sein und erkennbar sein, dass es sich um eine Zweigniederlassung handelt.

3. Firmenunterscheidbarkeit

Gemäß § 18 Abs. 1 HGB muss die Firma Unterscheidungskraft besitzen und zur Kennzeichnung des Kaufmanns geeignet sein. Ferner darf gemäß § 30 HGB keine Verwechselungsgefahr mit anderen Firmen am selben Ort bestehen.

Beispiel: Hans Müller möchte unter seinem Namen „Hans Müller" firmieren, in seiner Stadt firmiert jedoch bereits schon jemand unter dieser Bezeichnung. Hans Müller muss zur Vermeidung von Verwechslungen gemäß § 30 Abs. 2 HGB Zusätze beifügen, die zur Unterscheidung geeignet sind – z.B. „Hans Müller, Metzgerei, e.K."

4. Firmenöffentlichkeit

Die Firma muss der Öffentlichkeit kundgegeben werden, § 29 HGB (Eintragungspflicht im Handelsregister) sowie §§ 37 a, 125 a HGB (Veröffentlichungspflicht auf Geschäftsbriefen).

5. Firmenbeständigkeit

Damit der in der Firma verkörperte Wert nicht zerstört wird, darf die Firma in bestimmten Fällen unverändert bestehen bleiben, obwohl sie unrichtig geworden ist – z.B. Namensänderung des Inhabers bei Heirat, vgl. § 21 HGB, oder Erwerb des Unternehmens durch Rechtsgeschäft, vgl. § 22 HGB.

Hinweis: Wird die Firma durch einen Nachfolger in einer anderen Rechtsform fortgeführt, muss der Rechtsformzusatz entsprechend angepasst werden.

III.9 Firmenschutz

Registerrechtlich wird die Firma gemäß § 37 Abs. 1 HGB durch das Firmenmissbrauchsverfahren sowie gemäß §§ 393, 395 FamFG durch das Amtslöschungsverfahren geschützt.

Privatrechtlich können bei unzulässigem Firmengebrauch folgende Sanktionen eingreifen:

- Unterlassungsanspruch gemäß § 37 Abs. 2 HGB

- Schadensersatz- und Unterlassungsanspruch gemäß § 15 MarkenG

- Beseitigungs-, Unterlassungs-, Schadensersatzansprüche gemäß §§ 8 ff. UWG

- Beseitigungs- und Unterlassungsanspruch gemäß § 12 BGB sowie Beseitigungs- und Unterlassungsanspruch gemäß § 1004 Abs. 1 BGB analog

- Schadensersatzanspruch gemäß § 823 Abs. 1 BGB

B. Inhaberwechsel und Firmenfortführung, §§ 25–28 HGB

Der Unternehmensinhaber kann sein Unternehmen durch Rechtsgeschäft unter Lebenden übertragen, das Unternehmen kann durch Erbfolge auf einen neuen Inhaber übergehen oder der Einzelkaufmann entschließt sich, das Unternehmen künftig gemeinsam mit anderen in Form einer Gesellschaft fortzuführen. Ein solcher Inhaberwechsel berührt die Interessen des alten und des neuen Inhabers, der Arbeitnehmer sowie der Gläubiger und Schuldner des ursprünglichen Inhabers.

In den §§ 25–28 HGB hat der Gesetzgeber die Haftung des neuen Inhabers gegenüber den Gläubigern des ursprünglichen Inhabers sowie die Stellung der Schuldner des alten Inhabers geregelt.

Hinweis: Der Schutz der Arbeitnehmer, die von einem Betriebsübergang betroffen sind, ist in § 613 a BGB geregelt.

Da das Unternehmen als solches kein Rechtssubjekt ist, wird aus den für das Unternehmen abgeschlossenen Rechtsgeschäften der jeweilige Unternehmensträger (Unternehmensinhaber) berechtigt und verpflichtet.

!

Hinweis: Bei dem Unternehmensinhaber kann es sich um eine natürliche Person – z.B. einen Einzelkaufmann – oder um eine juristische Person – z.B. eine GmbH – oder um eine Personengesellschaft – z.B. eine OHG oder KG – handeln.

Aufgrund der persönlichen Haftung des Unternehmensinhabers haftet der neue Inhaber im Fall einer Unternehmensübertragung für die Verbindlichkeiten des alten Inhabers an sich nur dann, wenn eine entsprechende rechtsgeschäftliche Abrede zwischen Veräußerer und Erwerber getroffen wurde, z.B. eine Bürgschaft oder Schuldübernahme.

Die Verkehrsanschauung geht jedoch fälschlicherweise davon aus, dass Gläubiger von Geschäftsverbindlichkeiten diese grundsätzlich gegen „das Unternehmen" richten können und zwar unabhängig vom jeweiligen Inhaber. Dieser falschen Verkehrsanschauung tragen die §§ 25–28 HGB Rechnung und ordnen an, dass unter bestimmten Voraussetzungen der neue Inhaber für Altverbindlichkeiten haftet und die im Betrieb begründeten Forderungen dem Schuldner gegenüber als auf den Erwerber übergegangen gelten.

§§ 25–28 HGB schützen den guten Glauben des Rechtsverkehrs an eine falsche Rechtsauffassung.

Der Gesetzgeber hat drei Fälle geregelt:

■ Inhaberwechsel kraft Rechtsgeschäft, § 25 HGB

■ Inhaberwechsel durch Erbfolge, § 27 HGB

■ Eintritt in das Geschäft eines Einzelkaufmanns, § 28 HGB

I. Inhaberwechsel kraft Rechtsgeschäft, § 25 HGB

§ 25 HGB regelt die Rechtslage beim Inhaberwechsel kraft Rechts-geschäfts unter Lebenden:

1. Haftung des Erwerbers, § 25 Abs. 1 S. 1 HGB

§ 25 Abs. 1 S. 1 HGB ist **keine eigene An-spruchsgrundlage**, son-dern muss immer i.V.m. der bereits bestehenden Verbindlichkeit im Ober-satz zitiert werden – z.B. § 488 Abs. 1 S. 2 BGB i.V.m. § 25 Abs. 1 S. 1 HGB.

Der Erwerber eines Handelsgeschäfts haftet gemäß § 25 Abs. 1 S. 1 HGB zum Schutze des Rechtsverkehrs unter bestimmten Voraus-setzungen für die durch den bisherigen Inhaber zeitlich vor dem Er-werb begründeten Verbindlichkeiten.

Voraussetzungen und Rechtsfolge des § 25 Abs. 1 S. 1 HGB
I. Voraussetzungen   ■ Erwerb eines Handelsgeschäfts unter Lebenden   ■ Fortführung des Handelsgeschäfts unter der bisherigen Firma mit oder ohne Nachfolgezusatz   ■ im Betrieb des früheren Inhabers begründete Verbindlichkeit   ■ kein Haftungsausschluss gemäß § 25 Abs. 2 HGB   **II. Rechtsfolge**: Haftung des Erwerbers für die Altverbindlichkeit mit seinem gesamten Vermögen

a) Voraussetzungen des § 25 Abs. 1 S. 1 HGB

aa) Die Haftung nach § 25 Abs. 1 S. 1 HGB setzt den **Erwerb eines Handelsgeschäfts unter Lebenden** voraus.

Der Gesetzgeber verwen-det den Begriff des Han-delsgeschäfts im HGB ambivalent: i.d.R. verwen-det er ihn i.S.v. § 343 HGB (= vom Kaufmann getä-tigte Geschäfte, die zum Betrieb seines Handels-gewerbes gehören), teils i.S.v. Unternehmen des Kaufmanns.

Unter einem **Handelsgeschäft** i.S.v. § 25 HGB ist das Unternehmen eines Kaufmanns zu verstehen. D.h. die Regelung verlangt, dass der ursprüngliche Inhaber zum Zeitpunkt der Veräußerung Kaufmann ist.

Hinweis: Nach h.M. scheidet eine analoge Anwendung des § 25 HGB auf Nichtkaufleute aus, da diese keinen Haftungsausschluss nach § 25 Abs. 2 HGB im Handelsregister eintragen können und daher schärfer

haften würden als Kaufleute. Führt der Erwerber eines nichtkaufmän-
nischen Betriebs die Bezeichnung des Geschäfts fort, haftet er jedoch
möglicherweise nach allgemeinen Rechtsscheinsregeln.

Unter **Erwerb** i.S.v. § 25 Abs. 1 HGB ist jede Unternehmensübertragung und -überlassung zu verstehen. Maßgeblich ist, dass es unter
Lebenden zu einem auf Dauer angelegten Wechsel des Unternehmensträgers kommt. Die Rechtsnatur des Vertrags, der dem Inhaberwechsel zugrunde liegt, ist unerheblich.

Die Formulierung in § 25 Abs. 1 S. 1 HGB „unter Lebenden" dient der Abgrenzung zu § 27 HGB, der den Inhaberwechsel von Todes wegen regelt.

Beispiel: Kauf, Tausch, Schenkung, Pacht, Erfüllung von Vermächtnissen.

Nach h.M. ist auch die **Unwirksamkeit des Übernahmevertrags wegen des Schutzzwecks der Norm unerheblich**. § 25 HGB bezwecke den Schutz des Rechtsverkehrs und dieser könne nicht be-
urteilen, ob der Übernahme ein wirksamer Vertrag zugrunde liegt
oder nicht. Nach außen erkennbar – und daher für die Haftung allein maßgeblich – sei nur der tatsächliche Erwerb, also die tatsächliche Fortführung des Unternehmens. Nach a.A. verlangt das Merkmal „Erwerb" einen rechtswirksamen Vertrag.

Beispiel: Kaufmann K veräußert seinen Betrieb an A. Dieser führt den Betrieb
unter der bisherigen Firma fort. Bei der Übernahme hat K dem A arglistig verschwiegen, dass er der Bank B wegen eines Geschäftsdarlehens noch 500.000 €
schuldet und dass das Darlehen in Kürze zur Rückzahlung fällig wird.

A kann den Übernahmekaufvertrag (§§ 433, 453 BGB) gemäß § 123 BGB an-
fechten. Dies ändert nach h.M. jedoch nichts an seiner Haftung für die Darle-
hensschuld aus § 488 Abs. 1 S. 2 BGB i.V.m. § 25 Abs. 1 S. 1 HGB, da er das Geschäft unter der bisherigen Firma tatsächlich fortgeführt hat und die Wirksamkeit des Erwerbsvertrags zum Schutz des Rechtsverkehrs unerheblich ist. Nach
a.A. entfällt durch die wirksame Anfechtung der „Erwerb" eines Handelsgeschäfts und damit auch die Haftung des A aus § 25 Abs. 1 S. 1 HGB. Um den
Schutzzweck der Norm nicht zu unterlaufen und weil der Erwerber sich über
§ 25 Abs. 2 HGB schützen kann, scheint es sachgerecht, der h.M. zu folgen.

Hinweis: Auf den Erwerb vom Insolvenzverwalter wird § 25 HGB nach
überwiegender Ansicht nicht angewandt, da das Geschäft ansonsten
unveräußerlich wäre und die Insolvenzgläubiger auch hinreichend
durch den Veräußerungserlös, der in die Insolvenzmasse fließt, ge-
schützt werden.

bb) Der Erwerber muss das **Handelsgeschäft unter der bisherigen Firma fortführen**.

Für die **Fortführung des Handelsgeschäfts** genügt es, wenn der
Erwerber zumindest den wesentlichen Kern, der den Schwerpunkt
des Betriebs bildet, beibehält, sodass sich für den Rechtsverkehr
der Eindruck einer Weiterführung des Unternehmens in seinem
wesentlichen Bestand ergibt.

Beispiel: Übernahme der Räumlichkeiten, der Kunden- und Lieferanten.

Nach a.A., die das subjektive System des Gesetzgebers generell in Frage stellt und das Unternehmen und nicht die Person des Kaufmanns für wesentlich hält, kommt es nicht auf die Firmenfortführung, sondern nur auf die Fortführung des Unternehmens an. Dagegen spricht der eindeutige Wortlaut des § 25 Abs. 1 S. 1 HGB.

Ferner muss der neue Inhaber das Geschäft **unter der bisherigen Firma mit oder ohne Nachfolgezusatz fortführen**. Maßgeblich ist dabei, dass der Erwerber den „Kern" und die „prägenden Zusätze" übernimmt, sodass der Geschäftsverkehr die neue Firma mit der bisherigen Firma identifiziert. Auf die firmenrechtliche Zulässigkeit der Beibehaltung der bisherigen Firma, auf die Zustimmung des früheren Inhabers zur Fortführung seiner Firma und auf die Eintragung im Handelsregister kommt es für die Haftung des neuen Inhabers nach § 25 HGB nicht an. Entscheidend ist einzig und allein, dass der Erwerber die bisherige Firma tatsächlich fortführt.

cc) Darüber hinaus verlangt § 25 Abs. 1 S. 1 HGB **eine im Betrieb des früheren Inhabers begründete Verbindlichkeit**.

Dazu gehören alle Verbindlichkeiten, die mit dem Geschäftsbetrieb in so enger innerer Verbindung stehen, dass sie als dessen Folge erscheinen. Der Rechtsgrund der Verbindlichkeit ist unerheblich, sodass nicht nur vertragliche Verpflichtungen in Betracht kommen, sondern auch deliktische oder bereicherungsrechtliche Ansprüche, sofern sie im Zusammenhang mit dem Geschäftsbetrieb entstanden sind.

dd) Schließlich darf die Haftung **nicht gemäß § 25 Abs. 2 HGB ausgeschlossen** sein.

Die Haftung nach § 25 Abs. 1 S. 1 HGB kann durch eine abweichende Vereinbarung zwischen Veräußerer und Erwerber ausgeschlossen werden. Dritten gegenüber wirkt diese Vereinbarung jedoch nur, wenn sie entweder ins Handelsregister eingetragen und bekannt gemacht oder dem Dritten vom Erwerber oder Veräußerer mitgeteilt worden ist.

! Auch wenn in § 25 Abs. 2 HGB keine konkrete Frist geregelt ist, besteht wegen des Schutzzwecks der Norm – Schutz des Rechtsverkehrs – Einigkeit, dass die Vorschrift eng ausgelegt werden muss. Ein Haftungsausschluss ist daher nur **unmittelbar in Zusammenhang mit der Geschäftsübernahme** oder **unverzüglich danach** möglich.

b) Rechtsfolge des § 25 Abs. 1 S. 1 HGB

Als Rechtsfolge ordnet § 25 Abs. 1 S. 1 HGB eine unbeschränkte persönliche Haftung des neuen Inhabers für die Altverbindlichkeiten an – **gesetzlicher Schuldbeitritt**. D.h. der Erwerber haftet sowohl mit seinem Geschäfts- als auch mit seinem Privatvermögen.

Daneben haftet der frühere Inhaber, der die Verbindlichkeit persönlich begründet hat. Bisheriger und neuer Inhaber haften gegenüber den Gläubigern folglich als Gesamtschuldner gemäß §§ 421 ff. BGB.

Hinweis: Gemäß § 26 HGB tritt jedoch eine Enthaftung des Veräußerers ein, wenn der Gläubiger den Anspruch gegen den früheren Geschäftsinhaber nicht innerhalb von 5 Jahren seit Eintragung des neuen Inhabers im Handelsregister gerichtlich geltend gemacht hat.

Im Innenverhältnis zwischen Erwerber und Veräußerer findet ein Ausgleich gemäß § 426 BGB statt. Ob und wieweit Regress verlangt werden kann, richtet sich dabei in erster Linie nach den Absprachen der Beteiligten im Übernahmevertrag.

2. Abtretungsfiktion, § 25 Abs. 1 S. 2 HGB

Die im Betrieb des früheren Inhabers begründeten Forderungen gelten den Schuldnern gegenüber gemäß § 25 Abs. 1 S. 2 HGB unter bestimmten Voraussetzungen als auf den Erwerber übergegangen, sodass der an den Erwerber leistende Schuldner von seiner Verbindlichkeit gemäß § 362 Abs. 1 BGB i.V.m. § 25 Abs. 1 S. 2 HGB befreit wird.

Voraussetzungen und Rechtsfolge des § 25 Abs. 1 S. 2 HGB

I. Voraussetzungen

- Erwerb eines Handelsgeschäfts unter Lebenden

- Fortführung des Handelsgeschäfts unter der bisherigen Firma mit oder ohne Nachfolgezusatz

- Einwilligung des bisherigen Inhabers oder seiner Erben in die Firmenfortführung

- im Betrieb des früheren Inhabers begründete Forderung

- Abtretung der Forderung müsste tatsächlich und formfrei möglich sein

- kein Haftungsausschluss gemäß § 25 Abs. 2 HGB

II. Rechtsfolge: Forderung gilt im Verhältnis zum Schuldner als auf den Erwerber übergegangen

---

a) Voraussetzungen des § 25 Abs. 1 S. 2 HGB

aa) § 25 Abs. 1 S. 2 HGB knüpft an die Regelung des § 25 Abs. 1 S. 1 HGB an und erfordert daher zunächst den Erwerb eines Handelsgeschäfts unter Lebenden sowie die tatsächliche Fortführung des Geschäfts unter der bisherigen Firma.

bb) Im Unterschied zu § 25 Abs. 1 S. 1 HGB verlangt § 25 Abs. 1 S. 2 HGB, dass **der bisherige Inhaber oder seine Erben in die Fortführung der Firma durch den neuen Inhaber eingewilligt** haben.

§ 25 Abs. 1 S. 1 HGB begründet eine Haftung des Erwerbers neben dem ursprünglichen Inhaber und ist daher für diesen günstig. § 25 Abs. 1 S. 2 HGB kann sich demgegenüber nachteilig auf die Rechtsposition des alten Inhabers auswirken.

Dadurch wird dem schutzwürdigen Interesse des Veräußerers, der durch die Regelung des § 25 Abs. 1 S. 2 HGB eventuell seinen Anspruch gegen einen seiner Schuldner verliert, Rechnung getragen.

Hinweis: Eine ausdrückliche Einwilligung ist – anders als bei § 22 HGB – nicht erforderlich, sodass sich eine konkludente Einwilligung des alten Inhabers durch eine wissentliche Duldung des früheren Inhabers ergeben kann.

cc) Ferner muss es sich um eine **Forderung** handeln, **die im Betrieb des früheren Inhabers begründet worden ist**.

dd) § 25 Abs. 1 S. 2 HGB setzt zudem eine **formfrei übertragbare Forderung** voraus.

Dieses Erfordernis resultiert aus der Überlegung, dass § 25 Abs. 1 S. 2 HGB eine Abtretungsfiktion begründet und diese nicht weitergehen kann als die Realität. Daher muss die Abtretung der Forderung, deren Übergang fingiert wird, in Wirklichkeit überhaupt möglich sein **(Wahrung der Abtretungsvorschriften)**. D.h. es darf kein Abtretungsverbot gemäß § 399 BGB bestehen und es darf sich nicht um eine unpfändbare Forderung gemäß § 400 BGB handeln. Darüber hinaus dürfen für die Abtretung dieser Forderung keine besonderen Formvorschriften bestehen, da diese von der Fiktion nicht erfüllt werden können und daher der jeweilige Formzweck verfehlt würde.

Hinweis: Ein gemäß § 399 2. F. BGB vertraglich vereinbartes Abtretungsverbot, das der Abtretungsfiktion eigentlich entgegensteht, kann durch § 354 a HGB überlagert werden, sodass die Abtretung in Wirklichkeit doch möglich ist und die Fiktion daher ebenfalls eingreift.

ee) Schließlich darf **kein unverzüglicher Ausschluss gemäß § 25 Abs. 2 HGB** gegeben sein.

b) Rechtsfolge des § 25 Abs. 1 S. 2 HGB

Als Rechtsfolge des § 25 Abs. 1 S. 2 HGB gelten die Geschäftsforderungen des früheren Inhabers den Schuldnern gegenüber als auf den neuen Inhaber übergegangen (Abtretungsfiktion), sodass der Schuldner gemäß § 362 Abs. 1 BGB i.V.m. § 25 Abs. 1 S. 2 HGB mit befreiender Wirkung an den neuen Inhaber leisten kann (h.M.). Nach a.A. handelt es sich bei § 25 Abs. 1 S. 2 HGB um einen gesetzlichen Forderungsübergang – cessio legis, sodass der neue Geschäftsinhaber Forderungsinhaber ist und der Schuldner daher nur an diesen gemäß § 362 Abs. 1 BGB mit befreiender Wirkung zahlen kann. Gegen die Einordnung des § 25 Abs. 1 S. 2 HGB als Fall der cessio legis spricht der Wortlaut der Norm: die Forderungen „gelten" als auf den Erwerber übergegangen, es wird nicht angeordnet, dass sie wirklich auf den Erwerber übergehen.

Da es sich bei § 25 Abs. 1 S. 2 HGB nach h.M. um eine Abtretungsfiktion zum Schutze des Schuldners handelt, kann der Schuldner nach ganz h.M. auch mit befreiender Wirkung an den bisherigen Inhaber, der nach wie vor Forderungsinhaber ist, leisten.

Ob der Veräußerer die Forderung auch gegenüber dem Schuldner noch geltend machen darf, wenn die Voraussetzungen des § 25 Abs. 1 S. 2 HGB vorliegen, ist umstritten. Die Rspr. lehnt dies aus Gründen der Rechtssicherheit ab.

Hinweis: Die Wirkung des § 25 Abs. 1 S. 2 HGB ist relativ („zugunsten des Schuldner"). Daher ist die Regelung für das Verhältnis zwischen Veräußerer und Erwerber unerheblich und es gilt die wahre Rechtslage, sodass dem Veräußerer gegen den Erwerber, an den ein Schuldner schuldbefreiend geleistet hat, einen Bereicherungsanspruch gemäß § 816 Abs. 2 BGB zusteht.

II. Inhaberwechsel kraft Erbfolge, § 27 HGB

Beim Tode eines Kaufmanns gehört sein Unternehmen zum Nachlass und der Erbe haftet für die Geschäftsschulden nach erbrechtlichen Regeln. Daneben kann den Erben eine besondere handelsrechtliche Haftung treffen.

1. Haftung nach erbrechtlichen Regeln, § 1967 BGB

Gemäß § 1967 Abs. 1 BGB haftet ein Erbe für die Nachlassverbindlichkeiten, zu denen nach § 1967 Abs. 2 BGB auch die vom Erblasser herrührenden Verbindlichkeiten zählen. Der Erbe haftet für die Nachlassverbindlichkeiten unbeschränkt mit seinem gesamten Vermögen – d.h. mit dem ererbten Nachlass (-anteil) und seinem Privatvermögen. Es bestehen jedoch für den Erben folgende Möglichkeiten, seine Haftung auf den Nachlass (-anteil) zu beschränken:

- Nachlassverwaltung, Nachlassinsolvenzverfahren, §§ 1975 ff. BGB

- Dürftigkeitseinrede, § 1990 BGB

- Einrede des ungeteilten Nachlasses, § 2059 Abs. 1 S. 1 BGB

2. Haftung nach handelsrechtlichen Regeln, § 27 HGB

§ 27 Abs. 1 S. 1 HGB tritt **neben** die erbrechtliche Haftung!

Neben diese erbrechtliche Haftung tritt unter den Voraussetzungen des § 27 Abs. 1 HGB eine unbeschränkte handelsrechtliche Haftung.

Voraussetzungen und Rechtsfolge des § 27 Abs. 1 S. 1 HGB
I. Voraussetzungen
■ Handelsgeschäft gehört zum Nachlass
■ Fortführung des Handelsgeschäfts unter der bisherigen Firma mit oder ohne Nachfolgezusatz durch den Erben
■ im Betrieb des früheren Inhabers begründete Verbindlichkeit
■ keine Einstellung gemäß § 27 Abs. 2 HGB
■ kein Haftungsausschluss gemäß § 25 Abs. 2 HGB
II. Rechtsfolge: unbeschränkte Haftung des Erben für die Geschäftsverbindlichkeiten des früheren Inhabers

a) Voraussetzungen des § 27 Abs. 1 HGB

§ 27 Abs. 1 S. 1 HGB ist **keine eigene Anspruchsgrundlage**, sondern muss immer i.V.m. der bereits bestehenden Verbindlichkeit im Obersatz zitiert werden, z.B. § 488 Abs. 1 S. 2 BGB i.V.m. § 27 Abs. 1 S. 1 HGB.

aa) Es muss ein **Handelsgeschäft** – also das Geschäft eines Kaufmanns – **zum Nachlass gehören**. Der Erblasser muss folglich zum Zeitpunkt seines Todes Kaufmann gewesen sein.

bb) Der **Erbe muss das Handelsgeschäft unter der bisherigen Firma fortführen**.

Aus dem Wortlaut des § 27 Abs. 1 HGB ergibt sich nur, dass der Erbe das Handelsgeschäft fortführen muss, von einer Fortführung „unter der bisherigen Firma" ist nicht die Rede. Das Erfordernis der Firmenfortführung folgt nach h.M. jedoch zum einen aus der systematischen Stellung der Norm im Abschnitt über die Handelsfirma, zum anderen aus dem Verweis des § 27 Abs. 1 HGB auf den § 25 HGB, den die h.M. für einen Rechtsgrundverweis hält.

Nach a.A. handelt es sich um einen Rechtsfolgenverweis, sodass die Firma nicht fortgeführt werden muss.

Hinweis: Wenn der Erbe das Handelsgeschäft von Anfang an unter geänderter Firma fortführt, tritt die Haftung gemäß § 27 Abs. 1 HGB nach h.M. nicht ein.

cc) Ferner muss eine **Verbindlichkeit** bestehen, die **im Betrieb des früheren Inhabers begründet** worden ist.

dd) Darüber hinaus darf **keine Geschäftseinstellung gemäß § 27 Abs. 2 HGB** vorliegen.

Gemäß § 27 Abs. 2 HGB hat der Erbe eine **Bedenkzeit von drei Monaten** ab Kenntnis vom Anfall der Erbschaft. Er soll innerhalb dieser Zeit Gelegenheit haben, sich über die Geschäftslage zu informieren, um entscheiden zu können, ob er das Risiko einer Geschäftsfortführung eingehen möchte oder nicht.

Stellt der Erbe die Fortführung des Geschäfts innerhalb der drei Monate ein, so haftet er nicht nach § 27 Abs. 1 HGB i.V.m. § 25 Abs. 1 S. 1 HGB, sondern nur nach erbrechtlichen Regeln.

Unter welchen Voraussetzungen eine Einstellung i.S.v. § 27 Abs. 2 HGB vorliegt, ist im Einzelnen sehr umstritten.

- Eine Einstellung i.S.v. § 27 Abs. 2 HGB liegt unstreitig vor, wenn der Erbe das **Geschäft samt Firma innerhalb der drei Monate aufgibt**.

- **Veräußert der Erbe das Handelsgeschäft innerhalb der drei Monate**, muss nach h.M. differenziert werden:

  - Bei einer Veräußerung mit der Firma, ist keine Einstellung i.S.v. § 27 Abs. 2 HGB gegeben, da sich der Erbe in diesem Fall den wirtschaftlichen Wert der Firma durch die Weiterveräußerung zunutze macht.

  - Bei einer Veräußerung ohne die Firma, liegt eine Einstellung i.S.v. § 27 Abs. 2 HGB vor, da der Erbe die Firma nicht „verkauft" und sich daher den wirtschaftlichen Wert der Firma nicht zunutze gemacht hat.

- Ob eine Einstellung i.S.v. § 27 Abs. 2 HGB vorliegt, wenn der **Erbe das Handelsgeschäft samt Firma zunächst fortführt, aber die Firma innerhalb der drei Monate nachträglich ändert**, ist ebenfalls sehr umstritten.

  - Nach wohl überwiegender Ansicht reicht die nachträgliche Änderung der Firma für eine Einstellung i.S.v. § 27 Abs. 2 HGB nicht aus, da die Norm nach ihrem Wortlaut eine Einstellung der unternehmerischen Tätigkeit verlange.

  - Nach der Gegenansicht ist bei nachträglicher Firmenänderung eine Einstellung i.S.v. § 27 Abs. 2 HGB gegeben. Auch bei § 27 HGB sei der eigentliche Grund für die Haftung, dass die bisherige Firma beibehalten werde. Daher müsse es konsequenterweise für eine Einstellung ausreichen, wenn der Erbe innerhalb der ihm eingeräumten dreimonatigen Bedenkzeit diesen Anknüpfungspunkt für seine Haftung beseitige.

Einstellung i.S.v. § 27 Abs. 2 HGB führt nicht automatisch zu einer beschränkten Haftung. Der Erbe haftet vielmehr in diesem Fall allein nach erbrechtlichen Regeln – also unbeschränkt, aber beschränkbar auf den Nachlass.

Nach a.A. ist jede Veräußerung des Handelsgeschäfts durch den Erben eine Einstellung i.S.v. § 27 Abs. 2 HGB, da er das Geschäft dann nicht mehr fortführt. Die Gegenmeinung lässt die Veräußerung des Handelsgeschäfts durch den Erben nicht als Einstellung i.S.v. § 27 Abs. 2 HGB ausreichen, da der Betrieb als solcher nicht eingestellt wurde.

! **ee)** Schließlich ist **umstritten, ob § 25 Abs. 2 HGB im Rahmen des § 27 HGB anwendbar ist**. D.h. ob ein Ausschluss der Haftung nach § 27 HGB dadurch möglich ist, dass die unverzügliche Eintragung eines Haftungsausschlusses ins Handelsregister gemäß § 25 Abs. 2 HGB erfolgt:

Lässt man mit der h.M. den Haftungsausschluss gemäß § 25 Abs. 2 HGB zu, entfällt die handelsrechtliche Haftung und der Erbe haftet allein nach erbrechtlichen Regeln – also unbeschränkt, aber beschränkbar auf den Nachlass.

■ Nach ganz h.M. ist § 25 Abs. 2 HGB auch im Rahmen des § 27 HGB anwendbar. Dies folge zum einen daraus, dass § 27 Abs. 1 HGB auf die gesamte Regelung des § 25 HGB verweise, also auch auf dessen Absatz 2. Zum anderen seien die Gläubiger des bisherigen Inhabers nicht schutzwürdig, da ihnen der Erbe immer noch mindestens mit dem Nachlass – also dem Vermögen des bisherigen Inhabers – für die Verbindlichkeiten hafte.

■ Nach der Gegenauffassung scheidet die Anwendung des § 25 Abs. 2 HGB im Rahmen des § 27 HGB aus. Eine Vereinbarung zwischen altem und neuem Inhaber könne es nachträglich nicht mehr geben, da der ursprüngliche Inhaber verstorben ist. Zudem wird kritisiert, dass bei Anwendbarkeit des § 25 Abs. 2 HGB jeder Erbe von der einseitigen Haftungsausschlussmöglichkeit Gebrauch machen werde, sodass die Haftung gemäß § 27 Abs. 1 HGB leer laufe.

b) Rechtsfolge des § 27 Abs. 1 HGB

Gemäß § 27 Abs. 1 HGB i.V.m. § 25 Abs. 1 S. 1 HGB haftet der Erbe für Geschäftsschulden des bisherigen Inhabers unbeschränkt und unbeschränkbar persönlich.

! *Klausurhinweis: Um in einer Klausur in derartigen Fallkonstellationen nicht den Überblick zu verlieren, ist es zwingend geboten, bei der Darstellung ganz stringent zwischen der erbrechtlichen und der handelsrechtlichen Haftung zu trennen.*

Beispiel: Kaufmann K hat zu Lebzeiten bei der Bank B ein Geschäftsdarlehen i.H.v. 50.000 € aufgenommen. K stirbt und wird von seinem Sohn S beerbt, der das Geschäft unter der bisherigen Firma fortführt. Ein halbes Jahr nach dem Erbfall wird das Darlehen zur Rückzahlung fällig. Ansprüche der B gegen S?

I. Anspruch B gegen S aus **§ 488 Abs. 1 S. 2 BGB i.V.m. § 1967 BGB**?
Bei dem Darlehen handelt es sich um eine Nachlassverbindlichkeit i.S.v. § 1967 BGB, sodass S für die Verbindlichkeit aus § 488 Abs. 1 S. 2 BGB i.V.m. § 1967 BGB haftet. Er haftet grundsätzlich unbeschränkt, kann seine Haftung aber gemäß §§ 1975 ff. BGB auf den Nachlass beschränken.

II. Anspruch B gegen S aus **§ 488 Abs. 1 S. 2 BGB i.V.m. § 27 Abs. 1 HGB**?
S hat das Handelsgeschäft seines Vater als Erbe übernommen und unter der bisherigen Firma fortgeführt. Das Darlehen ist eine Geschäftsverbindlichkeit, die sein Vater als früherer Inhaber begründet hat und es liegt weder eine Ein-

stellung i.S.v. § 27 Abs. 2 HGB noch ein Haftungsausschluss gemäß § 25 Abs. 2 HGB vor. Daher haftet S gegenüber der B auch aus § 488 Abs. 1 S. 2 BGB i.V.m. § 27 Abs. 1 HGB. Seine Haftung ist unbeschränkt und unbeschränkbar.

III. „Eintritt" in das Geschäft eines Einzelkaufmanns, § 28 HGB

Nimmt ein Einzelkaufmann einen oder mehrere Teilhaber in sein Handelsgeschäft auf, ist die sich daraus ergebende Rechtslage hinsichtlich der Haftung für Altschulden und der Tilgung von Altforderungen in § 28 HGB geregelt.

1. Haftung der Gesellschaft, § 28 Abs. 1 S. 1 HGB

Gemäß § 28 Abs. 1 S. 1 HGB haftet die Gesellschaft, die durch den „Eintritt" des Teilhabers entsteht, zum Schutze des Rechtsverkehrs unter bestimmten Voraussetzungen für die durch den bisherigen Inhaber begründeten Verbindlichkeiten.

§ 28 Abs. 1 S. 1 HGB ist **keine eigene Anspruchsgrundlage**, sondern muss immer i.V.m. der bereits bestehenden Verbindlichkeit im Obersatz zitiert werden – z.B. § 488 Abs. 1 S. 2 BGB i.V.m. § 28 Abs. 1 S. 1 HGB.

Voraussetzungen und Rechtsfolge des § 28 Abs. 1 S. 1 HGB
I. Voraussetzungen
■ Geschäft eines Einzelkaufmanns
■ Gründung einer Gesellschaft unter Einbringung des Handelsgeschäfts
■ Fortführung des Handelsgeschäfts
■ im Betrieb des früheren Inhabers begründete Verbindlichkeit
■ kein Haftungsausschluss gemäß § 28 Abs. 2 HGB
II. Rechtsfolge: Haftung der Gesellschaft für die Altverbindlichkeit mit ihrem gesamten Vermögen

a) Voraussetzungen des § 28 Abs. 1 S. 1 HGB

aa) Es muss das **Geschäft eines Einzelkaufmanns** bestehen.

Unter den Begriff des Einzelkaufmanns fallen eigentlich nur natürliche Personen, die Kaufmann i.S.d. HGB sind. Nach mittlerweile wohl h.M. gilt § 28 HGB jedoch auch, wenn das von einer Personengesellschaft oder einer juristischen Person betriebene Unternehmen in eine neu gegründete OHG oder KG eingebracht wird.

Hinweis: *Nach h.M. scheidet eine analoge Anwendung des § 28 HGB auf Nichtkaufleute mangels Planwidrigkeit der Regelungslücke aus.*

bb) Nach dem Wortlaut des § 28 Abs. 1 S. 1 HGB ist ferner der **„Eintritt als persönlich haftender Gesellschafter oder Kommanditist"** erforderlich.

Dieser Wortlaut ist missverständlich, da es den Eintritt in das Geschäft eines Einzelkaufmanns juristisch nicht gibt. Gemeint ist die **Gründung einer Personenhandelsgesellschaft** – also einer OHG oder KG – **durch Aufnahme eines Partners unter Einbringung des Handelsgeschäfts**. Die Wirksamkeit des Gesellschaftsvertrages ist nach h.M. wegen des Schutzzwecks – Schutz des Rechtsverkehrs – unerheblich, sofern zumindest eine fehlerhafte Gesellschaft vorliegt.

Auf bloße Scheingesellschaften ist § 28 HGB nicht anwendbar.

! *Hinweis: Nach h.M. scheidet eine analoge Anwendung des § 28 HGB aus, wenn eine GbR gegründet wird, da die Gesellschafter einer GbR keinen Haftungsausschluss nach § 28 Abs. 2 HGB im Handelsregister eintragen können und daher schärfer haften würden als die Gesellschafter einer Personenhandelsgesellschaft.*

cc) Neben der Einbringung des Handelsgeschäfts in die neu gegründete Gesellschaft ist auch die **Fortführung des Handelsgeschäfts** erforderlich.

Entscheidend ist dabei die Fortführung des wesentlichen Kerns des Geschäfts oder zumindest eines wesentlichen Unternehmensteils. Veränderungen des Handelsgeschäfts im Zuge der Einbringung in die Gesellschaft sind nicht maßgeblich. Ebenso lässt eine spätere Einstellung des Geschäfts die Haftung aus § 28 HGB unberührt.

! *Hinweis: Die Firmenfortführung ist nach dem eindeutigen Wortlaut für die Haftung nach § 28 HGB nicht erforderlich. Dies ist darin begründet, dass die Beibehaltung der alten Firma bei § 28 HGB nicht als Bindeglied zwischen dem alten und dem neuen Inhaber benötigt wird, da in diesem Fall durch den alten Inhaber, der weiterhin an dem Geschäft als Gesellschafter beteiligt ist, ein ausreichendes Bindeglied zwischen neuem und altem Inhaber existiert.*

dd) Darüber hinaus muss **eine im Betrieb des früheren Inhabers begründete Verbindlichkeit** gegeben sein.

ee) Schließlich darf **kein unverzüglicher Haftungsausschluss gemäß § 28 Abs. 2 HGB** vorliegen.

b) Rechtsfolge des § 28 Abs. 1 S. 1 HGB

Die neu gegründete Personenhandelsgesellschaft haftet für die Geschäftsverbindlichkeiten des früheren Inhabers.

Daneben haften die persönlich haftenden Gesellschafter der neu gegründeten OHG oder KG unbeschränkt gemäß § 128 S. 1 HGB (i.V.m. § 161 Abs. 2 HGB) und die Kommanditisten beschränkt auf ihre Haftsumme gemäß § 171 Abs. 1 HGB.

Zudem haftet der frühere Inhaber daneben als Gesamtschuldner weiter, da er die Verbindlichkeit persönlich begründet hat; nach Ablauf von 5 Jahren kann jedoch eine Enthaftung gemäß § 26 HGB eintreten.

2. Abtretungsfiktion, § 28 Abs. 1 S. 2 HGB

Die im Betrieb des früheren Inhabers begründeten Forderungen gelten gemäß § 28 Abs. 1 S. 2 HGB den Schuldnern gegenüber als auf die Gesellschaft übergegangen, sodass die Schuldner mit befreiender Wirkung gemäß § 362 Abs. 1 BGB i.V.m. § 28 Abs. 1 S. 2 HGB an die Gesellschaft zahlen können, auch wenn die Forderungen nicht in das Gesellschaftsvermögen übergegangen sind.

> § 28 Abs. 1 S. 2 HGB ist der Regelung des § 25 Abs. 1 S. 2 HGB nachgebildet, sodass auf die dortigen Ausführungen verwiesen werden kann.

Voraussetzungen und Rechtsfolge des § 28 Abs. 1 S. 2 HGB

I. Voraussetzungen

- Geschäft eines Einzelkaufmanns

- Gründung einer Gesellschaft unter Einbringung des Handelsgeschäfts

- Fortführung des Handelsgeschäfts

- im Betrieb des früheren Inhabers begründete Forderung

- Abtretung der Forderung müsste tatsächlich und formfrei möglich sein

- kein Haftungsausschluss gemäß § 28 Abs. 2 HGB

II. Rechtsfolge: Forderung gilt im Verhältnis zum Schuldner als auf die Gesellschaft übergegangen

---

1. Was ist juristisch die Firma?

1. Die Firma ist gemäß § 17 HGB der Name des Kaufmanns, unter dem er seine Geschäfte betreibt. Die Firma ist nicht das Unternehmen oder der Betrieb!

2. Was sind die Voraussetzungen für eine Haftung des Erwerbers nach § 25 Abs. 1 S. 1 HGB?

2. Voraussetzung des § 25 Abs. 1 S. 1 HGB ist der Erwerb eines Handelsgeschäfts unter Lebenden, die Fortführung des Handelsgeschäfts unter der bisherigen Firma mit oder ohne Nachfolgezusatz, eine im Betrieb des früheren Inhabers begründete Verbindlichkeit sowie kein Haftungsausschluss gemäß § 25 Abs. 2 HGB.

3. Ist die Wirksamkeit des Übernahmevertrags für die Haftung nach § 25 Abs. 1 S. 1 HGB maßgeblich?

3. Nach h.M. ist die Wirksamkeit des Übernahmevertrags unerheblich, da § 25 HGB den Schutz des Rechtsverkehrs bezwecke und dieser nicht beurteilen könne, ob der Übernahme ein wirksamer Vertrag zugrunde liegt oder nicht. Maßgeblich, weil nach außen erkennbar, sei nur die tatsächliche Fortführung des Unternehmens. Nach a.A. verlangt der „Erwerb" eines Handelsgeschäfts einen rechtswirksamen Vertrag.

4. Welche ungeschriebene Voraussetzung muss bei § 25 Abs. 1 S. 2 HGB vorliegen?

4. § 25 Abs. 1 S. 2 HGB setzt eine formfrei übertragbare Forderung voraus. Da § 25 Abs. 1 S. 2 HGB eine Abtretungsfiktion begründet und diese nicht weitergehen kann als die Realität, muss die Abtretung der Forderung, deren Übergang fingiert wird, in Wirklichkeit überhaupt möglich sein. Deswegen darf weder ein Abtretungsverbot gemäß § 399 BGB bestehen noch darf es sich um eine unpfändbare Forderung gemäß § 400 BGB handeln. Da Formvorschriften von der Fiktion nicht erfüllt werden können, darf die Abtretung auch nicht formbedürftig sein.

5. Wie verhält sich § 27 HGB zur erbrechtlichen Haftung?

5. Die Haftung nach § 27 Abs. 1 HGB tritt neben die erbrechtliche Haftung.

6. Ist § 25 Abs. 2 HGB im Rahmen des § 27 HGB anwendbar?

6. Nach h.M. ist § 25 Abs. 2 HGB im Rahmen des § 27 HGB anwendbar, da § 27 HGB auf den gesamten § 25 HGB verweist und der Gläubiger durch die erbrechtliche Haftung ausreichend abgesichert ist.

7. Was bedeutet bei § 28 HGB die Voraussetzung Eintritt in das Geschäft eines Einzelkaufmanns?

7. Der Wortlaut ist missverständlich, da es den Eintritt in das Geschäft eines Einzelkaufmanns juristisch nicht gibt. Gemeint ist die Gründung einer Personenhandelsgesellschaft – also einer OHG oder KG – unter Einbringung des Handelsgeschäfts.

3. Abschnitt: Vertretung des Kaufmanns

Kaufleute können – wie jeder andere auch – Vollmachten gemäß § 167 BGB erteilen und den Umfang der Vertretungsbefugnis individuell ausgestalten. Der potentielle Vertragspartner des Kaufmanns kann in diesem Fall jedoch nicht sicher sein, ob das jeweilige Geschäft vom konkreten Umfang der Vertretungsmacht des Vertreters abgedeckt ist. Er müsste beim Kaufmann nachfragen, falls er sich absichern wollte. Eine derartige Nachfrage kostet alle Beteiligten Zeit, die gerade Kaufleute bei der Abwicklung ihrer Geschäftsbeziehungen nicht investieren wollen.

Somit wird die die Vertretung aufgrund „normaler" Vollmachtserteilung den besonderen Bedürfnissen der Kaufleute nach Rechtsklarheit, Rechtssicherheit und rascher Abwicklung ihrer Geschäfte nicht gerecht. Infolgedessen hat der Gesetzgeber im HGB typisierte Vertretungsformen geschaffen, bei denen sich der Umfang der Vertretungsmacht aus dem Gesetz ergibt, und die daher den Handelsverkehr erleichtern.

Geregelt sind:

- Prokura, §§ 48 ff. HGB
- Handlungsvollmacht, § 54 ff. HGB
- Vertretungsmacht des Ladenangestellten, § 56 HGB

A. Prokura, §§ 48 ff. HGB

Die Prokura ist eine handelsrechtliche Vollmacht mit gesetzlich festgelegtem, weitestgehendem Umfang. Es handelt sich um eine rechtsgeschäftliche Vertretungsmacht i.S.v. § 167 BGB, bei der in den §§ 48 ff. HGB für die Erteilung und den Umfang Sonderregeln enthalten sind.

I. Erteilung

Die Erteilung der Prokura richtet sich grundsätzlich nach den Vollmachtsregeln gemäß §§ 167 ff. BGB. Gemäß §§ 48 ff. HGB bestehen aber folgende Besonderheiten:

Sind in den §§ 48 ff. HGB keine Sonderregeln enthalten gelten die allgemeinen zivilrechtlichen Regeln gemäß §§ 167 ff. BGB.

- Gemäß § 48 Abs. 1 HGB kann die Prokura nur vom Inhaber des Handelsgeschäfts – also einem **Kaufmann** i.S.d. §§ 1 ff. HGB – oder seinem gesetzlichen Vertreter erteilt werden.

  Beispiel: Der 17-jährige M ist von seinen Eltern mit Genehmigung des Familiengerichts zum selbstständigen Betrieb eines Handelsgewerbes ermächtigt worden. Kann M seinem Angestellten A eine Prokura erteilen?

M betreibt ein Handelsgewerbe und ist daher Kaufmann i.S.v. § 1 Abs. 1 HGB, sodass eine Prokuraerteilung grundsätzlich möglich ist. Gemäß § 112 Abs. 1 S. 1 BGB ist M aufgrund der Ermächtigung zum selbstständigen Betrieb des Erwerbsgeschäfts für solche Rechtsgeschäfte unbeschränkt geschäftsfähig, die der Geschäftsbetrieb mit sich bringt, und eine Prokuraerteilung gehört zum Geschäftsbetrieb. Jedoch nimmt § 112 Abs. 1 S. 2 BGB solche Rechtsgeschäfte aus, zu denen der Vertreter einer Genehmigung des Familiengerichts bedarf, und die Eltern als gesetzliche Vertreter des M, vgl. § 1629 Abs. 1 BGB, bedürfen gemäß § 1643 Abs. 1 BGB i.V.m. § 1822 Nr. 11 BGB für eine Prokuraerteilung einer familiengerichtlichen Genehmigung.

Folglich benötigt M für eine wirksame Prokuraerteilung an A sowohl der Einwilligung seiner Eltern als auch der Genehmigung des Familiengerichts.

■ Die Erteilung der Prokura muss ferner gemäß § 48 Abs. 1 HGB **persönlich und ausdrücklich** erfolgen. Demnach kann der Kaufmann sich bei einer Prokuraerteilung nicht rechtsgeschäftlich vertreten lassen.

!

Hinweis: Infolgedessen kann ein Prokurist keine Prokura erteilen. In einem solchen Fall kommt jedoch gemäß § 140 BGB eine Umdeutung der unwirksamen Prokuraerteilung in eine wirksame Handlungsvollmacht in Betracht.

■ **Gemäß § 53 Abs. 1 HGB muss** die Prokuraerteilung **im Handelsregister eingetragen werden**; die Eintragung hat jedoch lediglich **deklaratorische Bedeutung**, sodass sie für Wirksamkeit der Erteilung unerheblich ist.

Nach a.A. kann die Prokura nicht durch Erklärung gegenüber einem Dritten erteilt werden, da die Prokura nicht auf Rechtsgeschäfte mit den einzelnen Adressaten der Vollmachtserklärung beschränkt werden könne.

Hinweis: In § 48 HGB ist nicht geregelt, wem gegenüber die Erklärung der Prokuraerteilung zu erfolgen hat. Folglich gelten mangels spezieller handelsrechtlicher Regelung die allgemeinen Vorschriften, sodass die Erteilung der Prokura gemäß § 167 Abs. 1 BGB gegenüber dem Prokuristen, aber nach h.M. auch gegenüber einem Dritten erfolgen kann. Auch bei Prokuraerteilung gegenüber einem Dritten wirkt die Prokura gegenüber jedermann.

II. Umfang der Prokura

Gemäß § 49 Abs. 1 HGB ermächtigt die Prokura zu allen Geschäften, die der Betrieb **irgendeines Handelsgewerbes** mit sich bringt. Sie ist also nicht auf branchenübliche Geschäfte beschränkt.

Gemäß § 49 Abs. 2 HGB ist die **Veräußerung und Belastung von Grundstücken ausgeschlossen**, wenn die Prokura nicht ausdrücklich darauf erweitert worden ist. Dadurch soll verhindert werden, dass der Kaufmann einen so sicheren und bedeutsamen Vermögenswert ohne sein Wissen verliert.

Hinweis: *Grundstückserwerb durch den Prokuristen ist nicht ausge-*
schlossen!

!

Beispiel: Prokurist P erwirbt namens des Kaufmanns K von X ein Grundstück
zum Preis von 400.000 €. Bei der Auflassung werden auf den Kaufpreis lediglich
300.000 € gezahlt. Für den Restkaufpreis bestellt P formgerecht namens des K
eine Hypothek an dem erworbenen Grundstück i.H.v. 100.000 €. Ansprüche des
X gegen K?

I. Anspruch X gegen K aus **§ 433 Abs. 2 BGB**? P hat den K beim Erwerb des
Grundstücks gemäß § 164 Abs. 1 S. 1 BGB wirksam vertreten, da der Grund-
stücks**erwerb** gemäß § 167 Abs. 1 BGB i.V.m. §§, 48, 49 HGB vom Umfang der
Prokura abgedeckt ist. Aufgrund der Zahlung i.H.v. 300.000 € steht X noch ein
Anspruch auf Zahlung i.H.v. 100.000 € zu.

II. Anspruch X gegen K **aus § 1147 BGB** auf Duldung der Zwangsvollstreckung? Bei der für eine Hypothekenbestellung erforderlichen Einigung i.S.v.
§ 1113 BGB hat P den K gemäß § 164 Abs. 1 S. 1 BGB wirksam vertreten, obwohl
gemäß § 49 Abs. 2 HGB die Belastung von Grundstücken grundsätzlich nicht
vom Umfang der Prokura erfasst ist. Bei Bestellung eines Grundpfandrechts zur
Sicherung des Restkaufpreises bedarf der Kaufmann keines Schutzes, da nicht
die Gefahr besteht, dass er ohne sein Wissen ein ihm bereits gehörendes
Grundstück verliert. Es handelt sich vielmehr um eine modifizierte Form des Erwerbs. Es entspricht daher allgemeiner Ansicht, dass § 49 Abs. 2 HGB bei Bestellung eines Grundpfandrechts zur Sicherung des Restkaufpreises aufgrund einer teleologischen Reduktion nicht anwendbar ist.

Da die **privaten Geschäfte des Kaufmanns** nicht mit dem Betrieb
des Handelsgewerbes in Zusammenhang stehen, sind sie nicht von
der Prokura erfasst. Ferner dienen sowohl die **Einstellung** als auch
die **Veräußerung** des Geschäfts nicht dessen Betrieb und sind daher ebenfalls nicht von der Prokura abgedeckt. Schließlich sind die
Prinzipalgeschäfte (= reine Inhabergeschäfte), bei denen der Gesetzgeber das persönliche Handeln des Geschäftsinhabers verlangt, nicht vom Umfang der Prokura abgedeckt.

Beispiel: Gemäß § 48 Abs. 1 HGB handelt es sich bei der Prokuraerteilung um
ein reines Inhabergeschäft.

Gemäß § 50 Abs. 1 HGB ist eine **Beschränkung der Prokura im
Außenverhältnis nicht möglich**. Ansonsten könnte das Ziel des
Gesetzgebers, durch den gesetzlich festgelegten Umfang der Prokura im Handelsverkehr Rechtssicherheit zu schaffen, auch nicht
erreicht werden.

Im Innenverhältnis kann
der Kaufmann dem Pro-
kuristen verbindliche An-
weisungen erteilen. De-
ren Missachtung kann zu
Schadensersatzansprü-
chen gegen den Prokuris-
ten bzw. zu dessen Kündi-
gung führen!

Hinweis: *Bei Missbrauch der Vertretungsmacht – also im Fall der
Kollusion (= arglistiges Zusammenwirken zwischen Drittem und Prokuristen zum Nachteil des Geschäftsherrn) oder Evidenz (= bewusster
Missbrauch der Vertretungsmacht durch Prokuristen und vom Dritten
erkannt oder ohne weiteres erkennbar) wirken interne Beschränkun-
gen auch gegenüber Dritten!*

III. Besondere Formen der Prokura

Neben der Einzelprokura, bei der der Kaufmann einer Person Prokura erteilt, sind andere Formen der Prokura vom Gesetzgeber vorgesehen:

- **echte Gesamtprokura:** Kaufmann erteilt Prokura an mehrere Personen gemeinschaftlich, § 48 Abs. 2 HGB

- **unechte oder gemischte Gesamtprokura:** Prokurist darf den Kaufmann nur zusammen mit einer Person vertreten, deren Vertretungsmacht auf einer anderen Rechtsgrundlage beruht

  Beispiel: Prokurist darf nur zusammen mit einem Gesellschafter handeln, vgl. § 125 Abs. 3 HGB

- **Filialprokura:** Prokura wird vom Kaufmann auf den Betrieb einer von mehreren Niederlassungen beschränkt, § 50 Abs. 3 HGB

- **Generalprokura:** Prokura für alle Niederlassungen des Kaufmanns

IV. Erlöschen der Prokura

Es kommen folgende Erlöschensgründe für die Prokura in Betracht:

- **Widerruf** des Geschäftsinhabers, § 52 Abs. 1 HGB

  Die Prokura kann jederzeit und ohne besonderen Grund widerrufen werden. Der Widerruf erfolgt gegenüber dem Prokuristen oder dem Dritten, §§ 168 S. 3 BGB i.V.m. 167 Abs. 1 BGB.

- **Tod des Prokuristen**

  Gemäß § 52 Abs. 2 HGB ist die Prokura nicht übertragbar und daher auch unvererblich.

  Hinweis: Der Tod des Kaufmanns führt nicht zum Erlöschen der Prokura, § 52 Abs. 3 HGB!

- **Beendigung des** der Prokuraerteilung **zugrunde liegenden Rechtsverhältnisses**, § 168 S. 1 BGB

  Beispiel: Kündigung des Arbeitsvertrages des angestellten Prokuristen

- **Verlust der Kaufmannseigenschaft** des Geschäftsinhabers

- **Verlust der Geschäftsinhaberschaft** des Erteilers durch Veräußerung des Handelsgewerbes

Das Erlöschen der Prokura ist gemäß § 53 Abs. 2 HGB ebenfalls eine **eintragungspflichtige Tatsache**, aber auch insofern wirkt die Eintragung nur **deklaratorisch**.

Hinweis: Wird das Erlöschen der Prokura nicht im Handelsregister eingetragen, werden Dritte evtl. über § 15 Abs. 1 HGB geschützt.

!

B. Handlungsvollmacht, §§ 54 ff. HGB

Handlungsvollmacht ist jede im Betrieb eines Handelsgewerbes erteilte Vollmacht, die keine Prokura ist.

I. Erteilung der Handlungsvollmacht

Mangels spezieller handelsrechtlicher Regelungen richtet sich die Erteilung der Handlungsvollmacht grundsätzlich nach § 167 Abs. 1 BGB.

Da sich die vom Handlungsbevollmächtigten getätigten Geschäfte auf ein „Handelsgewerbe" beziehen müssen, kann jedoch auch die Handlungsvollmacht **nur von einem Kaufmann** erteilt werden. Im Unterschied zur Prokura muss die Erteilung jedoch **weder ausdrücklich noch persönlich** vom Kaufmann selbst erfolgen.

Nach h.M. kann § 54 HGB nicht analog auf Nichtkaufleute angewendet werden.

Klausurhinweis: Sowohl ein Prokurist als auch ein Handlungsbevollmächtigter können eine Handlungsvollmacht erteilen. Da eine konkludente Bevollmächtigung genügt, kann bereits in der Zuweisung einer Stellung im Betrieb, die nach der Verkehrsauffassung typischerweise mit einer Vollmacht verbunden ist, eine schlüssige Handlungsvollmachtserteilung liegen.

Die Erteilung der Handlungsvollmacht wird **nicht im Handelsregister eingetragen**, d.h. es handelt sich weder um eine eintragungspflichtige noch um eine eintragungsfähige Tatsache.

II. Umfang der Handlungsvollmacht

Der Umfang der Handlungsvollmacht richtet sich nach der Art der vom Kaufmann oder seinem Vertreter erteilten Vollmacht. Der Gesetzgeber hat in § 54 Abs. 1 HGB drei Arten der Handlungsvollmacht geregelt:

- **Generalhandlungsvollmacht**: der Bevollmächtigte ist zu allen Rechtsgeschäften ermächtigt, die der Betrieb eines derartigen Handelsgewerbes gewöhnlich mit sich bringt

- **Arthandlungsvollmacht**: der Bevollmächtigte ist zu allen Rechtsgeschäften ermächtigt, die eine bestimmte Art von Geschäften eines derartigen Handelsgewerbes gewöhnlich mit sich bringt

  Beispiel: Handlungsvollmacht nur für den Bereich Verkauf

- **Spezialhandlungsvollmacht**: der Bevollmächtigte ist zu allen Rechtsgeschäften ermächtigt, die das übertragene einzelne, konkret bestimmte Geschäft gewöhnlich mit sich bringt.

  Beispiel: Vollmacht für Erwerb bestimmter Gegenstände auf einer Auktion.

*Hinweis: Der Handlungsbevollmächtigte kann im Unterschied zum Prokuristen nicht alle Geschäfte tätigen, die zum Betrieb irgendeines Handelsgewerbes gehören, sondern er darf nur solche Geschäfte tätigen, die in einem derartigen Handelsgewerbe gewöhnlich vorkommen; es muss sich daher um **branchenübliche Geschäfte** handeln, die im Rahmen des betreffenden Geschäftsbetriebs **nicht ungewöhnlich** sind.*

Die Handlungsvollmacht erstreckt sich **gemäß § 54 Abs. 2 HGB** nicht auf die Veräußerung und Belastung von Grundstücken, die Eingehung von Wechselverbindlichkeiten, die Aufnahme von Darlehen und die Prozessführung, es sei denn, dass dazu eine besondere Befugnis erteilt wurde. Ferner sind – wie bei der Prokura – die **Privatgeschäfte** des Kaufmanns und die **reinen Inhabergeschäfte** nicht vom Umfang der Handlungsvollmacht abgedeckt, da diese Geschäfte nicht mit dem Betrieb des Handelsgewerbes in Zusammenhang stehen.

Auch die Beschränkung auf eine Art- oder Spezial- handlungsvollmacht muss jeder Dritte – unab- hängig von seiner Kennt- nis – gegen sich gelten lassen.

Hinweis: Diese – gesetzlichen – Einschränkungen muss jeder Dritte – unabhängig von seiner Kenntnis – gegen sich gelten lassen.

Darüber hinaus kann die Handlungsvollmacht – im Unterschied zur Prokura – durch Rechtsgeschäft auch Dritten gegenüber beschränkt werden. **Gemäß § 54 Abs. 3 HGB** braucht der Dritte diese Beschränkung aber nur dann gegen sich gelten zu lassen, wenn er sie kannte oder kennen musste.

III. Erlöschen der Handlungsvollmacht

Mangels handelsrechtlicher Spezialregelungen gelten für das Erlöschen der Handlungsvollmacht die allgemeinen Vorschriften des BGB. Demzufolge erlischt die Handlungsvollmacht

- gemäß § 168 S. 1 BGB mit der **Beendigung des ihr zugrunde liegenden Rechtsverhältnisses**,

- durch **Widerruf** – falls sie nicht unwiderruflich erteilt worden ist,

- durch den **Tod des Bevollmächtigten** und

- durch die **endgültige Beendigung des Handelsgewerbes**.

Wesentliche Unterschiede Prokura -Handlungsvollmacht	
Prokura	**Handlungsvollmacht**
Erteilung durch Kaufmann oder durch gesetzl. Vertreter	Erteilung durch Kaufmann oder durch Vertreter
persönlich und ausdrücklich	ausdrücklich oder konkludent
Eintragung im Handelsregister	keine Eintragung
Umfang: alle Geschäfte, die der Betrieb irgendeines Handelsgewerbes mit sich bringt	Umfang: alle branchenüblichen gewöhnlichen Geschäfte
Beschrankung nach außen nicht möglich	sonstige Beschränkung nach außen möglich
nicht übertragbar	übertragbar mit Zustimmung

C. Vertretungsmacht des Ladenangestellten, § 56 HGB

Derjenige, der in einem Laden oder offenen Warenlager angestellt ist, gilt gemäß § 56 HGB zu Verkäufen und Empfangnahmen als bevollmächtigt, die in einem derartigen Laden oder Warenlager gewöhnlich geschehen.

Nach h.M. handelt es sich um eine gesetzliche Anscheinsvollmacht; nach a.A. ist § 56 HGB eine echte rechtsgeschäftliche Vollmacht i.S.v. § 167 Abs. 1 BGB.

I. Voraussetzungen des § 56 HGB

Erforderlich ist zunächst, dass die Hilfsperson des Geschäftsinhabers in dessen Laden oder offenen Warenlager angestellt ist.

- Da § 56 HGB eine besondere Ausgestaltung der Handlungsvollmacht ist, gilt die Regelung nur für **Kaufleute**. Dies ergibt sich zwar nicht aus dem Wortlaut der Norm, folgt jedoch aus dem systematischen Zusammenhang zwischen § 56 HGB und § 54 HGB.

Es ist umstritten, ob § 56 HGB analog auf Nichtkaufleute angewendet werden kann.

■ **Laden** i.S.v. § 56 HGB ist jede dem Publikum zugängliche, nicht notwendig dauerhafte Verkaufsstätte; unter einem **offenen Warenlager** ist eine Stätte zu verstehen, die zur Lagerung von Waren dient und dem Publikum für Geschäftsabschlüsse zugänglich ist.

Ein wirksamer Arbeitsvertrag ist für den „Angestellten" i.S.v. § 56 HGB nicht Voraussetzung.

■ Der Begriff des Angestellten ist nicht arbeitsrechtlich zu verstehen. **Angestellt** i.S.v. § 56 HGB sind alle Personen, die mit Wissen und Wollen des Geschäftsinhabers in dem Laden oder offenen Warenlager zu Verkaufszwecken tätig sind.

Beispiel: Verkauf durch Buchhalter, aushelfendes Familienmitglied.

Ferner muss das Geschäft im Laden oder Warenlager getätigt oder dort zumindest angebahnt worden sein, d.h. erforderlich ist ein gewisser **örtlicher Zusammenhang**.

Letztlich muss der Dritte **gemäß § 54 Abs. 3 HGB analog** hinsichtlich des Bestehens der Vollmacht gutgläubig gewesen sein.

II. Rechtsfolge des § 56 HGB

Die Hilfsperson des Kaufmanns gilt zu den gewöhnlichen Verkäufen und Empfangnahmen als ermächtigt.

§ 56 HGB ist nicht – auch nicht analog – auf Ankäufe anwendbar.

Zu den **Verkäufen** gehört nicht nur der Abschluss von Kaufverträgen, sondern auch alle Handlungen, die damit zusammenhängen, z.B. Erfüllung. Unter **Empfangnahmen** i.S.v. § 56 HGB ist das Entgegennehmen von Sachen und Willenserklärungen zu verstehen.

Die Vertretungsmacht des Ladenangestellten **erlischt mit der Aufgabe der Tätigkeit**.

1. Was ist eine Prokura?

1. Die Prokura ist eine handelsrechtliche Vollmacht mit gesetzlich festgelegtem, weitestgehendem Umfang.

2. Wozu ermächtigt die Prokura?

2. Die Prokura ermächtigt zu allen Rechtsgeschäften, die der Betrieb irgendeines Handelsgewerbes mit sich bringt, vgl. § 49 Abs. 1 HGB – also keine Beschränkung auf branchenübliche Geschäfte!

3. Welche Ausnahme wird von der Immobiliarklausel des § 49 Abs. 2 HGB gemacht?

3. Wenn der Prokurist ein Grundpfandrecht zur Sicherung des Restkaufpreises für den Erwerb eines Grundstücks bestellt, wird nach allgemeiner Ansicht § 49 Abs. 2 HGB aufgrund einer teleologischen Reduktion nicht angewandt. Da nicht die Gefahr besteht, dass der Kaufmann ohne sein Wissen ein ihm bereits gehörendes Grundstück verliert, bedarf er keines Schutzes. Es handelt sich vielmehr um eine modifizierte Form des Erwerbs eines Grundstücks und der Grundstückserwerb ist vom Umfang der Prokura abgedeckt.

4. Wie erfolgt der Widerruf einer Prokura?

4. Die Prokura kann gemäß § 52 Abs. 1 HGB jederzeit und ohne besonderen Grund widerrufen werden. Der Widerruf erfolgt gegenüber dem Prokuristen oder dem Dritten, §§ 168 S. 3 BGB i.V.m. 167 Abs. 1 BGB.

5. Was ist eine Handlungsvollmacht?

5. Handlungsvollmacht ist jede im Betrieb eines Handelsgewerbes erteilte Vollmacht, die keine Prokura ist.

6. Wozu ermächtigt die Handlungsvollmacht?

6. Die Handlungsvollmacht ermächtigt zu allen branchenüblichen Geschäften, die gewöhnlich in einem derartigen Handelsgewerbe geschehen.

7. Muss die Handlungsvollmacht von einem Kaufmann erteilt werden?

7. Da sich die vom Handlungsbevollmächtigten getätigten Geschäfte auf ein „Handelsgewerbe" beziehen müssen, kann auch die Handlungsvollmacht nur von einem Kaufmann erteilt werden.

8. Gilt die Regelung des § 56 HGB auch nur für Kaufleute?

8. Da § 56 HGB eine besondere Ausgestaltung der Handlungsvollmacht ist, gilt die Regelung nur für Kaufleute. Dies ergibt sich zwar nicht aus dem Wortlaut der Norm, folgt jedoch aus dem systematischen Zusammenhang zwischen § 56 HGB und § 54 HGB.

9. Wer ist Angestellter i.S.v. § 56 HGB?

9. Angestellt i.S.v. § 56 HGB sind alle Personen, die mit Wissen und Wollen des Geschäftsinhabers im Laden oder Warenlager zu Verkaufszwecken tätig sind.

4. Abschnitt: Handelsregister und sonstige Rechtsscheinstatbestände

A. Das Handelsregister

I. Zweck des Handelsregisters

Das Handelsregister dient durch Offenlegung der wichtigsten Rechtsverhältnisse der Kaufleute zum einen der Sicherheit des Handelsverkehrs **(Publizitätsfunktion)**. Zum anderen kann sich der Kaufmann durch Eintragungen im Handelsregister Mitteilungen an seine Geschäftspartner sparen **(Publikationsfunktion)** und eine Abschrift von Registerdokumenten kann ihm die Beweisführung über bestimmte Tatsachen erleichtern **(Beweisfunktion)**. Darüber hinaus dient das Handelsregister auch der staatlichen Kontrolle **(Kontrollfunktion)**.

II. System des Handelsregisters

Das Handelsregister wird von dem Amtsgericht geführt, in dessen Bezirk das kaufmännische Unternehmen seine Niederlassung hat, §§ 8 HGB, 376, 377 FamFG. Grundsätzlich werden Eintragungen nur aufgrund eines entsprechenden Antrags vorgenommen, § 12 HGB **(Antragsgrundsatz)**.

Bis zum 31.12.2008 hatte das Gericht die Eintragungen im Handelsregister jedoch zusätzlich zur elektronischen Bekanntmachung auch in einer Tageszeitung oder einem sonstigen Blatt bekannt zu machen, vgl. Art. 61 Abs. 4 S. 1 EGHGB.

Seit 01.01.2007 wird das Handelsregister gemäß § 8 Abs. 1 HGB **elektronisch geführt** (www.handelsregister.de). Gemäß § 10 Abs. 1 HGB erfolgt auch die Bekanntmachung elektronisch.

Das Handelsregister ist in **zwei Abteilungen** untergliedert:

- **Abteilung A:** Tatsachen über Einzelkaufleute und Personenhandelsgesellschaften (OHG, KG)

- **Abteilung B:** Tatsachen über Kapitalgesellschaften.

Zu unterscheiden sind **eintragungspflichtige und eintragungsfähige Tatsachen**:

- **eintragungspflichtige Tatsache:** der Kaufmann ist gesetzlich verpflichtet, eine Tatsache zur Eintragung anzumelden

    Beispiel: Erteilung und Erlöschen der Prokura, § 53 Abs. 1, 2 HGB

- **eintragungsfähige Tatsache:** Tatsache kann in das Handelsregister eingetragen werden, ohne dass eine Pflicht zur Anmeldung besteht

    Beispiel: Haftungsausschluss gemäß § 25 Abs. 2 HGB

Bei der Eintragungswirkung muss zwischen **deklaratorischer und konstitutiver Eintragung** unterschieden werden:

- **deklaratorische Wirkung:** es wird lediglich **bekundet**, dass ein Rechtsvorgang stattgefunden hat, der unabhängig von der Eintragung im Handelsregister bereits wirksam geworden ist

  Beispiel: Erteilung und Erlöschen der Prokura, § 53 Abs. 1, 2 HGB

- **konstitutive Wirkung:** erst durch die Eintragung im Handelsregister wird die materielle Wirkung **begründet**

  Beispiel: Eintragung eines Kleingewerbetreibenden, § 2 HGB

Hinweis: Der Gesetzgeber ordnet die konstitutive Wirkung einer Eintragung im Handelsregister immer ausdrücklich an. In allen anderen Fällen wirkt die Eintragung deklaratorisch!

!

Gemäß § 9 Abs. 1 HGB hat jedermann – ohne Nachweis eines besonderen Interesses – das Recht auf Einsichtnahme. Die Bekanntmachungen können – anders als die Eintragungen – kostenfrei abgefragt werden.

B. Publizitätswirkungen des § 15 HGB

§ 15 HGB regelt die materielle Publizität des Handelsregisters und dient der Sicherheit und Leichtigkeit im Rechtsverkehr. Der Gesetzgeber hat den Eintragungen bzw. Bekanntmachungen in § 15 Abs. 1–3 HGB drei verschiedene Publizitätswirkungen beigelegt:

- negative Publizität zugunsten eines Dritten, § 15 Abs. 1 HGB
- positive Publizität zugunsten des Eintragungspflichtigen, § 15 Abs. 2 HGB
- positive Publizität zugunsten des Dritten, § 15 Abs. 3 HGB

Es ist extrem wichtig, strikt zwischen den verschiedenen Absätzen des § 15 HGB zu trennen.

Positive Publizität bedeutet, dass der Rechtsverkehr sich auf das verlassen kann, was in einem Register steht oder bekannt gemacht worden ist. Demgegenüber schützt die negative Publizität Dritte in ihrem Glauben, dass sich etwas, das nicht im Register eingetragen oder nicht bekannt gemacht ist, auch nicht ereignet hat.

I. Negative Publizität, § 15 Abs. 1 HGB

Nach der Regelung des § 15 Abs. 1 HGB kann eine einzutragende Tatsache, die nicht eingetragen oder bekannt gemacht ist, von demjenigen, in dessen Angelegenheiten sie einzutragen war, einem Dritten nicht entgegengesetzt werden, es sei denn, dass der Dritte sie kannte.

Der Dritte wird folglich in seinem Glauben geschützt, dass eine Änderung der Rechtslage nicht eingetreten ist, solange diese nicht im Handelsregister veröffentlicht wurde. Diese negative Wirkung ist der Grund dafür, dass man die Regelung des § 15 Abs. 1 HGB als negative Publizität des Handelsregisters bezeichnet.

Beispiel: Kaufmann K hat seinem Prokuristen P die Prokura entzogen. Eine Eintragung im Handelsregister ist nicht erfolgt. P kauft namens des K ein Kfz. K haftet auf die Zahlung des Kaufpreises, da er dem Vertragspartner gemäß § 15 Abs. 1 HGB nicht entgegenhalten kann, dass die Prokura des P erloschen sei und dieser deshalb ohne Vertretungsmacht gehandelt habe.

Voraussetzungen und Rechtsfolge des § 15 Abs. 1 HGB

I. Voraussetzungen

- eintragungspflichtige Tatsache

- keine Eintragung und/oder keine Bekanntmachung

- keine (positive) Kenntnis des Dritten

- Tatsache ist in Angelegenheiten dessen einzutragen, der sich sonst auf diese Tatsache berufen könnte

- Vorgang im Geschäftsverkehr

II. Rechtsfolge: Wahlrecht des Dritten zwischen fingierter und wirklicher Rechtslage – nach h.M. ist das Wahlrecht teilbar

---

1. Voraussetzungen des § 15 Abs. 1 HGB

a) Eintragungspflichtige Tatsache

Es muss es sich um eine **Tatsache** handeln, die in dem Zeitpunkt des Vorgangs, aus dem der Dritte Rechte herleitet, **wahr** gewesen ist.

Beispiel: Ausscheiden eines OHG-Gesellschafters

Ferner muss es sich um eine einzutragende, also **eintragungspflichtige** Tatsache handeln. Demgegenüber werden bloß eintragungsfähige Tatsachen nicht von § 15 Abs. 1 HGB erfasst.

- Die **Wirkung der Eintragung ist nach ganz h.M.** für die Anwendbarkeit des § 15 Abs. 1 HGB **unerheblich**. Die Regelung gilt danach sowohl für Tatsachen, bei denen die Eintragung deklaratorisch wirkt, als auch für Tatsachen mit konstitutiv wirkender Eintragung. Nach a.A. ist § 15 Abs. 1 HGB nicht auf Tatsachen

Die Berichtigung und Löschung solcher Tatsachen, die von vornherein zu Unrecht ins Handelsregister eingetragen worden sind, wird nicht von § 15 Abs. 1 HGB erfasst.

anwendbar, bei denen die Eintragung konstitutiv wirkt, da das Gesetz für diese nur die Eintragung und nicht die Bekanntmachung fordere und diese Systematik bei Anwendung des § 15 Abs. 1 HGB unterlaufen werde.

■ **Nach h.M.** ist § 15 Abs. 1 HGB **auch auf Primärtatsachen**, also Tatsachen, die erstmalig die Rechtslage verändern, anwendbar. Nach a.A. ist die Anwendbarkeit des § 15 Abs. 1 HGB auf Sekundärtatsachen – also solche, die eine Änderung der bestehenden Rechtslage bewirken – beschränkt, da ansonsten der Unterschied zwischen konstitutiv und deklaratorisch wirkenden Eintragungen verwischt werden würde.

Primärtatsachen sind z.B. Erteilung einer Prokura, Kaufmannseigenschaft, Gründung einer Gesellschaft. Sekundärtatsachen sind z.B. Widerruf einer Prokura, Auflösung einer Gesellschaft.

Beispiel: Der Kleingewerbetreibende Karl König hat eine Eintragung seiner Firma „Karl König e.K." beim Amtsgericht beantragt. Es erfolgte nur die Eintragung, eine Bekanntmachung unterblieb. K lieferte an die X-GmbH mangelhafte Ware. Als die X-GmbH fünf Wochen später wegen des Mangels Rückzahlung des Kaufpreises verlangt, weigert sich K, da die Rüge zu spät erfolgt sei. Die X-GmbH wendet ein, sie habe von der Kaufmannseigenschaft des K nichts gewusst. Steht der X-GmbH ein Rücktrittsrecht zu?

Grundsätzlich steht der X-GmbH ein Rücktrittsrecht **gemäß §§ 437 Nr. 2, 323 Abs. 1 BGB** zu. Dieses könnte **gemäß § 377 Abs. 2 HGB ausgeschlossen** sein. Dazu muss ein beiderseitiger Handelskauf vorliegen.

I. Die X-GmbH ist Kaufmann kraft Rechtsform gemäß § 6 HGB i.V.m. § 13 Abs. 3 GmbHG.

II. Das Kleingewerbe des K gilt aufgrund der Eintragung gemäß § 2 S. 1 HGB als Handelsgewerbe, sodass K Kaufmann gemäß § 1 Abs. 1 HGB ist. Möglicherweise kann der X-GmbH die Kaufmannseigenschaft des K gemäß § 15 Abs. 1 HGB nicht entgegengehalten werden.
Die Kaufmannseigenschaft des K ist eine wahre und gemäß § 29 HGB eintragungspflichtige Tatsache. Nach h.M. ist der Umstand, dass es sich um eine Primärtatsache handelt, bei der die Eintragung konstitutiv wirkt, unerheblich. Nach a.A. ist die Anwendbarkeit des § 15 Abs. 1 HGB auf Sekundärtatsachen beschränkt, bei denen die Eintragung deklaratorisch wirkt, um die vom Gesetzgeber vorgegebene Systematik zwischen konstitutiver und deklaratorischer Wirkung nicht zu unterlaufen. Danach ist § 15 Abs. 1 HGB auf die Kaufmannseigenschaft des K nicht anwendbar. Da der Wortlaut weder eine Differenzierung zwischen konstitutiver und deklaratorischer Wirkung noch zwischen Primär- und Sekundärtatsachen vornimmt und zudem der Verkehrsschutz eine Anwendung gebietet, wird mit der h.M. § 15 Abs. 1 HGB auch auf Primärtatsachen angewendet, bei denen die Eintragung konstitutiv wirkt. Infolgedessen kann K der X-GmbH mangels Bekanntmachung seine Kaufmannseigenschaft nicht entgegensetzen, sodass für die X-GmbH keine Rügeobliegenheit bestand und ihr daher ein Rücktrittsrecht zusteht.

■ **Umstritten** ist, ob § 15 Abs. 1 HGB anwendbar ist, wenn die **gebotene Voreintragung unterblieben** ist, d.h. wenn weder die eintragungspflichtige Tatsache noch die dazugehörige vorein-

!

tragungspflichtige Tatsache im Handelsregister eingetragen worden ist (sogenannte **sekundäre Unrichtigkeit**).

Beispiele: keine Eintragung von Erteilung und Widerruf der Prokura oder von Eintritt und Austritt eines Gesellschafters oder von Gründung und Auflösung einer OHG/KG.

Es wird vertreten, § 15 Abs. 1 HGB in diesen Fällen nicht anzuwenden, da ohne Voreintragung vom Handelsregister kein Rechtsschein ausgehe. Sollten Dritte außerhalb des Handelsregisters von der voreintragungspflichtigen Tatsache Kenntnis erlangt haben, so könne man diese ausreichend über die allgemeinen Rechtsscheinsregeln schützen. Die h.M. wendet § 15 Abs. 1 HGB auch im Fall sekundärer Unrichtigkeit an, da ansonsten derjenige, der mehrfach gegen seine Eintragungspflichten verstößt, eine bessere Rechtsposition innehat als derjenige, der seinen Eintragungspflichten zumindest teilweise nachkommt. Auch der Wortlaut der Norm stelle nicht auf eine Voreintragung ab. Schließlich greife der dem Dritten von der Gegenansicht gewährte Schutz über allgemeinen Rechtsschein zu kurz, da in dessen Rahmen zum einen bereits leichte Fahrlässigkeit schadet und zum anderen konkrete Kausalität erforderlich ist.

> Nach einer vermittelnden Ansicht ist § 15 Abs. 1 HGB grundsätzlich bei sekundärer Unrichtigkeit anwendbar, jedoch in dem Fall ausgeschlossen, in dem die voreintragungspflichtige Tatsache nicht nach außen bekannt geworden ist.

Beispiel: Kaufmann K hat seinem Angestellten P Prokura erteilt. Nach einem heftigen Streit kündigt er P. Im Handelsregister sind keine Eintragungen erfolgt. Nunmehr nimmt P bei der BanK B als Prokurist des K ein Darlehen über 10.000 € auf und verprasst diesen Betrag auf einer Reise. Steht B gegen K bei Fälligkeit ein Rückzahlungsanspruch gegen K zu?

Anspruch B gegen K **aus § 488 Abs. 1 S. 2 BGB** i.H.v. 10.000 €? Die erforderliche Einigung zwischen K und B könnte über eine wirksame Stellvertretung des P gemäß § 164 Abs. 1 S. 1 BGB zustande gekommen sein. Bei Aufnahme des Darlehens war die ursprünglich wirksam erteilte Prokura, aufgrund der Kündigung jedoch bereits wieder erloschen, vgl. § 168 S. 1 BGB, sodass P an sich keine Vertretungsmacht besessen hat. Eventuell kann B das Erlöschen der Prokura gemäß § 15 Abs. 1 HGB nicht entgegengehalten werden.
Das Erlöschen der Prokura des P ist eine wahre und gemäß § 53 Abs. 2 HGB eintragungspflichtige Tatsache. Nach h.M. ist der Umstand, dass bereits die Voreintragung der Prokuraerteilung fehlt, unerheblich. Nach a.A. ist § 15 Abs. 1 HGB im Fall der sekundären Unrichtigkeit nicht anzuwenden, da vom Handelsregister kein Rechtsschein ausgehe, wenn die Voreintragung fehle. Da die Gegenansicht denjenigen privilegiert, der mehrfach seine Eintragungspflichten verletzt, erscheint die h.M. überzeugender, sodass § 15 Abs. 1 HGB anwendbar ist. Daher kann der Bank das Erlöschen der Prokura nicht entgegengehalten werden, sodass eine wirksame Stellvertretung gegeben ist und der Bank daher ein Rückzahlungsanspruch gegen K zusteht.

!   *Klausurhinweis: Die Problematik der sekundären Unrichtigkeit gehört zu den absoluten Klausurklassikern des Handelsrechts. Daher sollten die Anwendungsfälle und die Argumente der beiden Auffassungen bestens bekannt sein.*

b) Keine Eintragung und/oder keine Bekanntmachung

Die Tatsache darf nicht eingetragen und/oder nicht bekannt gemacht worden sein. Der Schutz des § 15 Abs. 1 HGB entfällt somit erst, wenn sowohl die Eintragung als auch die Bekanntmachung erfolgt sind. Solange auch nur einer der Publikationsakte fehlt, greift der Schutz des § 15 Abs. 1 HGB zugunsten des Dritten ein.

c) Keine (positive) Kenntnis des Dritten

Dem Dritten darf die Tatsache nicht bekannt sein. Nach dem eindeutigen Wortlaut des § 15 Abs. 1 HGB schadet dem Dritten nur positive Kenntnis.

Im Unterschied zum allgemeinen Rechtsschein, bei dem bereits leicht fahrlässige Unkenntnis angelastet wird, schadet bei § 15 Abs. 1 HGB lediglich positive Kenntnis.

d) Tatsache muss in Angelegenheiten dessen einzutragen sein, der sich sonst darauf berufen könnte

Eine Tatsache ist in Angelegenheiten dessen einzutragen, zu dessen Vorteil die Eintragung wirken würde. Dies ist in erster Linie der Träger des Gewerbebetriebs, aber auch sein Rechtsnachfolger. Bei Personengesellschaften kann dies auch ein Gesellschafter sein.

Aufbau: Von einigen Autoren wird dieser Aspekt nicht als „Voraussetzung", sondern erst auf Rechtsfolgenseite erörtert. Wichtig ist letztlich nur, dass man auf die Einschränkung, die sich durch diese Formulierung ergibt, überhaupt an einer Stelle eingeht. Da im Rahmen des § 15 Abs. 3 HGB ein Meinungsstreit über die Bedeutung dieser Formulierung für die Voraussetzungen geführt wird, erscheint es überzeugender, diesen Aspekt auch im Rahmen des § 15 Abs. 1 HGB als Voraussetzung zu erörtern.

e) Vorgang im Geschäftsverkehr

Es ist nicht erforderlich, dass der Dritte gerade im Vertrauen auf das Fehlen der Eintragung und/oder Bekanntmachung handelt (keine konkrete Kausalität). § 15 Abs. 1 HGB schützt den Dritten daher auch, wenn er nicht in das Handelsregister oder die Bekanntmachungen Einsicht genommen hat.

§ 15 Abs. 1 HGB dient jedoch dem Verkehrsschutz, sodass zumindest **abstrakt** die Möglichkeit bestehen muss, dass der Dritte sein Verhalten auf die Publikationen des Registergerichts einrichtet. Diese Möglichkeit besteht nur, wenn der rechtsbegründende Vorgang im inneren Zusammenhang mit dem Geschäftsverkehr steht.

Im Unterschied zum allgemeinen Rechtsschein, bei dem konkrete Kausalität erforderlich ist, verlangt die h.M. bei § 15 Abs. 1 HGB lediglich einen Vorgang im Geschäftsverkehr

Im reinen Unrechtsverkehr – z.B. bei einem Verkehrsunfall – richtet niemand sein Verhalten im Hinblick auf die Veröffentlichungen im Handelsregister ein. Infolgedessen verlangt die h.M. als ungeschriebene Voraussetzung des § 15 Abs. 1 HGB einen **Vorgang im Geschäftsverkehr**. Der Begriff des Geschäftsverkehrs ist dabei weit auszulegen und erfasst alle rechtlich erheblichen Beziehungen, die ein Kaufmann im Betrieb seines Handelsgewerbes mit Dritten aufnimmt.

2. Rechtsfolge des § 15 Abs. 1 HGB

Sind die Voraussetzungen des § 15 Abs. 1 HGB erfüllt, so kann dem Dritten die eintragungspflichtige Tatsache von demjenigen, in dessen Angelegenheiten sie einzutragen war, nicht entgegengesetzt werden.

Da § 15 Abs. 1 HGB dem Schutz des Dritten dient, hat dieser allerdings ein **Wahlrecht**: er kann sich auf die fingierte Rechtslage, also auf das Nichtvorliegen der Tatsache oder – wenn ihm dies günstiger erscheint – auf die wahre Rechtslage berufen.

! Umstritten ist, ob das Wahlrecht des Dritten teilbar ist – ob er sich also zum Teil auf die fingierte Rechtslage und zum Teil auf die wahre Rechtslage berufen kann **(Rosinentheorie)**.

Beispiel: In der A, B, C – OHG sind laut Handelsregistereintragung nur A und C gemeinsam vertretungsberechtigt. B wollte mangels Fachkenntnis keine Vertretungsmacht haben. Nach dem Ausscheiden des C, das nicht im Handelsregister eingetragen wurde, kauft A namens der OHG Ware bei X zum Preis von 3.000 €.

Kann X einerseits geltend machen, der Gesellschafter A habe nach dem Ausscheiden des C nun alleinige Vertretungsmacht (wahre Rechtslage), und sich andererseits darauf berufen, dass der ausgeschiedene Gesellschafter C nach § 15 Abs. 1 HGB noch als Gesellschafter der OHG zu behandeln sei (fingierte Rechtslage) und daher nach § 128 HGB auch für die von den verbliebenen Gesellschaftern A und B allein begründeten Schulden hafte?

Zum Teil wird vertreten, dass der Handelsregisterinhalt nur in seiner Gesamtheit gewürdigt werden könne. Das Herauspicken lediglich der „Rosinen" sei widersprüchlich und daher rechtsmissbräuchlich, § 242 BGB. Es gebe auch keinen Grund, den Dritten besser zu stellen, als wenn die fingierte Rechtslage der Wirklichkeit entspräche. Demgegenüber bejaht die h.M. die Berechtigung des Dritten zur teilweisen Ausübung des Wahlrechts. Dies ergebe sich aus dem Wortlaut des § 15 Abs. 1 HGB sowie dessen Schutzzweck. Denn § 15 Abs. 1 HGB wirke nur zum Vorteil des Dritten und nicht zu seinen Lasten.

II. Positive Publizität gemäß § 15 Abs. 2 HGB

Nach der Regelung des § 15 Abs. 2 HGB muss ein Dritter eine Tatsache, die korrekt eingetragen und richtig bekannt gemacht worden ist, gegen sich gelten lassen, es sei denn, dass noch keine 15 Tage seit der Bekanntmachung verstrichen sind und der Dritte nachweist, dass er die Tatsache weder kannte noch kennen musste (positive Publizität). Die Vorschrift dient also dem Schutz des Eintragungspflichtigen, der seiner Publikationspflicht ordnungsgemäß nachgekommen ist.

Voraussetzungen und Rechtsfolge des § 15 Abs. 2 HGB
I. Voraussetzungen
■ eintragungspflichtige Tatsache
■ korrekte Eintragung und Bekanntmachung
■ 15 Tage seit Bekanntmachung vergangen oder innerhalb der 15 Tage und Bösgläubigkeit des Dritten
■ Vorgang im Geschäftsverkehr
II. Rechtsfolge: Wahlrecht des Kaufmanns

1. Voraussetzungen des § 15 Abs. 2 HGB

a) Eintragungspflichtige Tatsache

Nach h.M. erfordert auch § 15 Abs. 2 HGB eine eintragungspflichtige Tatsache. Dies ergebe sich zum einen aus dem Wortlaut des § 15 Abs. 2 HGB, der durch die Formulierung „Ist die Tatsache ..." auf den § 15 Abs. 1 HGB Bezug nehme, und zum anderen aus dem Umstand, dass für eintragungsfähige Tatsachen in §§ 25 Abs. 2, 28 Abs. 2 HGB Sonderregeln existieren.

Nach a.A. ist § 15 Abs. 2 HGB auch auf eintragungsfähige Tatsachen anzuwenden, bei denen die Eintragung konstitutiv wirkt.

Da § 15 Abs. 2 HGB nicht die Richtigkeit der Handelsregistereintragung fingiert, also keinen Rechtsschein begründet, sondern nur dazu dient, die materielle Rechtslage öffentlich zu machen, muss es sich um eine **wahre** Tatsache handeln.

b) Korrekte Eintragung und Bekanntmachung

Die Tatsache muss korrekt eingetragen **und** richtig bekannt gemacht worden sein.

c) Ablauf der Schonfrist oder Bösgläubigkeit des Dritten

Es müssen bei Vornahme der Rechtshandlung durch den Dritten 15 Tage seit der Bekanntmachung vergangen sein oder der Dritte kann bei Rechtshandlungen innerhalb der 15 Tage seine Gutgläubigkeit nicht beweisen.

d) Vorgang im Geschäftsverkehr

Schließlich muss es sich um einen Vorgang im Geschäftsverkehr handeln.

2. Rechtsfolge des § 15 Abs. 2 HGB

Liegen die Voraussetzungen des § 15 Abs. 2 HGB vor, hat der Eintragungspflichtige ein **Wahlrecht**: er kann sich auf die eingetragene Tatsache berufen, muss dies aber nicht.

Problematisch ist das **Verhältnis des § 15 Abs. 2 HGB zur allgemeinen Rechtsscheinshaftung**: die der Rechtslage entsprechende Registereintragung kann im Einzelfall einem vom Kaufmann gesetzten Rechtsschein widersprechen.

Eine Rechtsscheinhaftung trotz Registereintragung kommt in Betracht, wenn ein Dritter in ganz besonderem Maße in seinem Vertrauen auf den unabhängig vom Handelsregister bestehenden Rechtsschein schutzwürdig ist.

Nach h.M. ist die Berufung auf § 15 Abs. 2 HGB in diesen Fällen rechtsmissbräuchlich und daher gemäß § 242 BGB ausgeschlossen, nach a.A. ist § 15 Abs. 2 HGB in derartigen Konstellationen aufgrund einer teleologischen Reduktion nicht anwendbar

Ein solcher besonderer Vertrauensschutz für den Dritten besteht, wenn

- dem Eintragungspflichtigen ein Verstoß gegen vertrauensschützende Vorschriften (z.B. § 19 Abs. 2 GmbHG) zur Last fällt

- die Voraussetzungen eines speziell geregelten gesetzlichen Vertrauenstatbestands erfüllt sind (z.B. §§ 171, 172 BGB)

- oder wenn im Rahmen bestehender Geschäftsbeziehungen nicht auf Rechtsänderungen hingewiesen wurde.

! *Klausurhinweis: Da § 15 Abs. 2 HGB eigentlich eine Selbstverständlichkeit regelt, ist die Klausurrelevanz sehr begrenzt und beschränkt sich regelmäßig auf das oben dargestellte Verhältnis der Vorschrift zum allgemeinen Rechtsschein.*

III. Positive Publizität gemäß § 15 Abs. 3 HGB

Nach der Regelung des § 15 Abs. 3 HGB kann ein Dritter sich gegenüber demjenigen, in dessen Angelegenheiten die Tatsache einzutragen war, auf eine unrichtig bekannt gemachte Tatsache berufen, sofern ihm die Unrichtigkeit nicht bekannt war (positive Publizität). Die Regelung erweitert also den Schutz des Dritten.

Voraussetzungen und Rechtsfolge des § 15 Abs. 3 HGB

I. Voraussetzungen

■ eintragungspflichtige Tatsache – abstrakte Beurteilung

■ unrichtige Bekanntmachung

■ keine (positive) Kenntnis des Dritten von der Unrichtigkeit der Tatsache

■ Vorgang im Geschäftsverkehr

■ nach h.M. „modifiziertes Veranlasserprinzip": § 15 Abs. 3 HGB wirkt nur zu Lasten desjenigen, der die unrichtige Bekanntmachung irgendwie veranlasst hat

II. Rechtsfolge: Wahlrecht des Dritten zwischen fingierter und wirklicher Rechtslage

---

1. Voraussetzungen des § 15 Abs. 3 HGB

a) Eintragungspflichtige Tatsache

Auch § 15 Abs. 3 HGB verlangt zunächst eine eintragungspflichtige Tatsache.

Im Unterschied zu § 15 Abs. 1 HGB, bei dem die Eintragungspflicht konkret bestehen muss, genügt im Rahmen des § 15 Abs. 3 HGB eine **abstrakte Eintragungspflicht**, d.h. die Tatsache muss bei Unterstellung ihrer Richtigkeit einzutragen sein. Dies ergibt sich daraus, dass es bei § 15 Abs. 3 HGB nicht um wahre, sondern um unrichtige Tatsachen geht und bei diesen niemals eine konkrete Eintragungspflicht bestehen kann.

b) Unrichtige Bekanntmachung

Die Tatsache muss unrichtig bekannt gemacht worden sein. Unrichtig ist eine Bekanntmachung i.S.v. § 15 Abs. 3 HGB, wenn sie **nicht mit der materiellen Rechtslage übereinstimmt**.

Anwendungsfälle des § 15 Abs. 3 HGB:

■ richtige Eintragung, unrichtige Bekanntmachung

■ unrichtige Eintragung, unrichtige Bekanntmachung

■ keine Eintragung, unrichtige Bekanntmachung

Es kommt also weder auf eine Abweichung zwischen Eintragung und Bekanntmachung noch auf eine Divergenz zwischen Antrag und Bekanntmachung an. Auch der Grund für die fehlerhafte Bekanntmachung ist absolut unmaßgeblich.

! **Umstritten** ist, ob § 15 Abs. 3 HGB analog angewendet werden darf, wenn nur die Eintragung im Handelsregister unrichtig ist (sogenannter **reiner Eintragungsfehler**).

- Die **h.M.** lehnt eine analoge Anwendung des § 15 Abs. 3 HGB auf den reinen Eintragungsfehler ab. Es fehle an der für eine Analogie erforderlichen Planwidrigkeit der Regelungslücke: In § 15 Abs. 1 und 2 HGB habe der Gesetzgeber jeweils auf Eintragung und Bekanntmachung abgestellt. Daher sei davon auszugehen, dass es auf einer bewussten gesetzgeberischen Entscheidung beruhe, wenn in § 15 Abs. 3 HGB lediglich auf die Bekanntmachung abgestellt werde. Die Problematik des reinen Eintragungsfehlers ist nach h.M. vielmehr über die allgemeinen Rechtsscheinsgrundsätze zu lösen.

- Nach **a.A.** ist § 15 Abs. 3 HGB analog auf den reinen Eintragungsfehler anzuwenden, da auch von falschen Eintragungen im Handelsregister ein Rechtsschein ausgehe, sodass der Dritte auch in diesem Fall schutzbedürftig sei.

c) Keine (positive) Kenntnis des Dritten von der Unrichtigkeit der Tatsache

Der Dritte darf keine positive Kenntnis von der Unrichtigkeit der Tatsache haben.

d) Vorgang im Geschäftsverkehr

Ferner muss es sich um einen Vorgang im Geschäftsverkehr handeln.

e) Str., ob weitere Voraussetzung erforderlich

! **Umstritten** ist, ob bei § 15 Abs. 3 HGB noch eine zusätzliche Voraussetzung gegeben sein muss.

- Nach **h.M.** wirkt § 15 Abs. 3 HGB zum Schutz unbeteiligter Dritter nur zulasten desjenigen, der die unrichtige Bekanntmachung irgendwie veranlasst hat **(modifiziertes Veranlasserprinzip)**.

- Nach **a.A.** ist **keine weitere Voraussetzung** erforderlich. Eine einschränkende Auslegung widerspreche dem Wortlaut und dem bezweckten umfassenden Vertrauensschutz. Der unbeteiligte Dritte sei auch nicht schutzlos, da er bei einem Fehler des Registergerichts einen Schadensersatzanspruch wegen Amtspflichtverletzung aus Art. 34 GG, § 839 BGB habe.

- Nach **a.A.** wirkt die Vorschrift entsprechend ihrem Wortlaut nur gegen den „in dessen Angelegenheit die Tatsache einzutragen war". Folglich wirke sie nur gegen Personen, die solche „Angelegenheiten" überhaupt haben. Deshalb beschränke sich § 15 Abs. 3 HGB auf tatsächlich **registerpflichtige Unternehmen**, ihre **Unternehmensträger und ihre Gesellschafter**.

Der Streit über eine weitere Voraussetzung bei § 15 Abs. 3 HGB gehört ebenfalls zu den Klausurklassikern des Handelsrechts!

Beispiel: In der X, Y – OHG hatten sich die zwei Gesellschafter darauf geeinigt, dass nur X vertretungsberechtigt sein sollte. Dies ist auch ordnungsgemäß von den Gesellschaftern zur Eintragung im Handelsregister angemeldet worden, jedoch wurde aufgrund eines Fehlers des Gerichts im Handelsregister eingetragen, dass Y Einzelvertretungsbefugnis habe, und dies ist auch bekannt gemacht worden. Y kauft für die OHG Ware von A zum Preis von 2.000 €. Muss die OHG den Kaufpreis an A, der nichts von der Vertretungsvereinbarung zwischen den Gesellschaftern gewusst hat, zahlen?

Anspruch des K gegen OHG aus § 433 Abs. 2 i.V.m. § 124 HGB i.H.v. 2.000 €?
Verbindlichkeit der OHG gegenüber A aus § 433 Abs. 2 i.V.m. § 124 HGB i.H.v. 2.000 € liegt vor, wenn zwischen A und der OHG ein wirksamer Kaufvertrag zustande gekommen ist. Problematisch ist allein, ob Y die OHG wirksam vertreten hat. Nach der Abrede zwischen X und Y sollte nur X vertretungsberechtigt sein, sodass Y keine Vertretungsbefugnis hatte.
Eventuell muss A diese Einschränkung gemäß § 15 Abs. 3 HGB nicht gegen sich gelten lassen. Die Einzelvertretungsbefugnis des Y ist eine abstrakt eintragungspflichtige Tatsache, da sie, wenn sie wahr wäre, gemäß § 107 HGB eintragungspflichtig wäre. Diese Tatsache ist unrichtig bekannt gemacht worden, weil die Information nicht mit der materiellen Rechtslage übereinstimmt. A hatte keine positive Kenntnis von der Unrichtigkeit und es handelte sich um einen Vorgang im Geschäftsverkehr. Nach h.M. wirkt § 15 Abs. 3 HGB nur zulasten von Personen, die die unrichtige Bekanntmachung irgendwie veranlasst haben. Die Gesellschafter haben die unrichtige Bekanntmachung durch ihren Antrag auf Eintragung irgendwie veranlasst. Nach a.A. wirkt § 15 Abs. 3 HGB nur zulasten von Kaufleuten und gilt daher auch zulasten der OHG. Eine dritte Ansicht verlangt keine weitere Voraussetzung. Daher liegen die Voraussetzungen des § 15 Abs. 3 HGB nach allen Ansichten vor. A kann sich demnach gemäß § 15 Abs. 3 HGB auf die unrichtig bekannt gemachte Tatsache, Y habe Einzelvertretungsbefugnis, berufen. Somit liegt eine wirksame Stellvertretung vor und die OHG ist zur Kaufpreiszahlung verpflichtet.

2. Rechtsfolge

Sind die Voraussetzungen des § 15 Abs. 3 HGB erfüllt, so kann sich der Dritte demjenigen gegenüber, in dessen Angelegenheiten die

Tatsache einzutragen war, auf die unrichtig bekannt gemachte Tatsache berufen. § 15 Abs. 3 HGB dient – genau wie § 15 Abs. 1 HGB – dem Schutz des Dritten, sodass diesem ein **Wahlrecht** zusteht: er kann sich auf die unrichtig bekannt gemachte Tatsache – fingierte Rechtslage – oder auf die wahre Rechtslage berufen.

C. Allgemeine Rechtsscheinhaftung

Die Prüfung des allgemeinen Rechtsscheins darf in einer Klausur nicht vergessen werden!

Greifen die im HGB speziell geregelten Rechtsscheintatbestände des § 15 HGB und des § 5 HGB nicht ein, so kann eine allgemeine Rechtsscheinshaftung gegeben sein.

Allgemeiner Rechtsschein
I. Voraussetzungen
■ Fall, der von § 15 HGB bzw. § 5 HGB nicht erfasst ist
■ Kaufmann hat Rechtsschein zurechenbar erzeugt
■ Gutgläubigkeit des Dritten (leichte Fahrlässigkeit schadet)
■ konkrete Kausalität
II. Rechtsfolge: Wahlrecht des Dritten zwischen fingierter und wirklicher Rechtslage

I. Voraussetzungen

■ Es muss eine Fallkonstellation gegeben sein, die von den handelsrechtlichen Spezialregelungen des § 15 HGB oder des § 5 HGB nicht erfasst ist.

■ Der Kaufmann muss einen **Rechtsschein zurechenbar erzeugt** haben.

Dies kann sich zum einen daraus ergeben, dass er eine unrichtige Eintragung zurechenbar veranlasst hat; zum anderen kann er einen Rechtsschein zurechenbar erzeugen, indem er eine unrichtige Eintragung schuldhaft nicht korrigiert hat.

Nach a.A. schadet nur Kenntnis und grobe Fahrlässigkeit.

■ Der Dritte muss **gutgläubig** sein. Dabei schadet nach ganz h.M. bereits einfache Fahrlässigkeit.

■ Zudem muss der Dritte im Vertrauen auf den vom Kaufmann gesetzten Rechtsschein gehandelt haben (**konkrete Kausalität**).

! *Hinweis: Wichtig für Argumentationen in der Klausur sind die Unterschiede zwischen § 15 HGB und dem allgemeinen Rechtsschein: bei § 15 HGB schadet dem Dritten lediglich positive Kenntnis, während im*

Rahmen des allgemeinen Rechtsscheins bereits leicht fahrlässige Un-
kenntnis angelastet wird. Zudem ist bei § 15 HGB nur ein Vorgang im
Geschäftsverkehr und keine konkrete Kausalität erforderlich.

II. Rechtsfolge

Sind die Voraussetzungen des allgemeinen Rechtsscheins gegeben, so steht dem Dritten ein **Wahlrecht** zu: er kann sich auf den
gesetzten Rechtsschein oder die wahre Rechtslage berufen.

1. Was ist der Unterschied zwischen deklaratorischer und konstitutiver Eintragung?

1. Deklaratorische Wirkung bedeutet, dass nur bekundet wird, dass ein Rechtsvorgang stattgefunden hat, der unabhängig von der Registereintragung bereits wirksam geworden ist. Demgegenüber wird bei einer konstitutiven Wirkung erst durch die Eintragung im Handelsregister die materielle Wirkung begründet.

2. Was ist unter positiver und negativer Publizität zu verstehen?

2. Positive Publizität bedeutet, dass der Rechtsverkehr sich auf das verlassen kann, was in einem Register steht oder bekannt gemacht worden ist. Demgegenüber schützt die negative Publizität Dritte in ihrem Glauben, dass sich etwas, das nicht im Register eingetragen oder nicht bekannt gemacht ist, auch nicht ereignet hat.

3. Ist § 15 Abs. 1 HGB auch bei sekundärer Unrichtigkeit – also wenn weder die eintragungspflichtige Tatsache noch die dazugehörige voreintragungspflichtige Tatsache im Register eingetragen worden ist – anwendbar?

3. Nach einer Ansicht, ist § 15 Abs. 1 HGB in diesen Fällen nicht anzuwenden, da ohne Voreintragung vom Handelsregister kein Rechtsschein ausgehe. Die h.M. wendet § 15 Abs. 1 HGB auch in diesem Fall an, da ansonsten derjenige, der mehrfach gegen seine Eintragungspflichten verstößt, eine bessere Rechtsposition innehat als derjenige, der seinen Eintragungspflichten zumindest teilweise nachkommt.

4. Was ist die Rechtsfolge des § 15 Abs. 1 HGB?

4. Der Dritte hat ein Wahlrecht: er kann sich auf die fingierte Rechtslage, also auf das Nichtvorliegen der Tatsache oder – wenn ihm dies günstiger erscheint – auf die wahre Rechtslage berufen.

5. Ist das Wahlrecht teilbar?

5. Es wird vertreten, dass der Registerinhalt nur in seiner Gesamtheit gewürdigt werden könne. Es gebe keinen Grund, den Dritten besser zu stellen, als wenn die fingierte Rechtslage der Wirklichkeit entspräche. Die h.M. bejaht die Teilbarkeit des Wahlrechts (sog. Rosinentheorie), da § 15 Abs. 1 HGB nur zum Vorteil des Dritten und nicht zu seinen Lasten diene.

6. Wann ist eine Bekanntmachung unrichtig i.S.v. § 15 Abs. 3 HGB?

6. Unrichtig ist eine Bekanntmachung i.S.v. § 15 Abs. 3 HGB, wenn sie nicht mit der materiellen Rechtslage übereinstimmt.

7. Welche zusätzliche ungeschriebene Voraussetzung besteht, besteht nach h.M. bei § 15 Abs. 3 HGB?

7. Nach h.M. wirkt § 15 Abs. 3 HGB zum Schutz unbeteiligter Dritter nur zulasten desjenigen, der die unrichtige Bekanntmachung irgendwie veranlasst hat (modifiziertes Veranlasserprinzip).

5. Abschnitt: Allgemeine Regeln für Handelsgeschäfte, §§ 343–372 HGB

Der Gesetzgeber hat im ersten Abschnitt des vierten Buches (§§ 343–372 HGB) verschiedene Sonderregeln aufgestellt, die allgemein für **alle Handelsgeschäfte** gelten. (Allgemeiner Teil der Handelsgeschäftslehre). Im zweiten bis sechsten Abschnitt des vierten Buches (§§ 373–475 h HGB) werden anschließend bestimmte Geschäftstypen wie der Handelskauf oder das Frachtgeschäft einzeln geregelt.

Hinweis: Damit verwendet der Gesetzgeber im vierten Buch des HGB dieselbe Ausklammerungsmethode, die schon aus dem BGB bekannt ist. Es werden vorweg die Gemeinsamkeiten behandelt, die für alle Handelsgeschäfte gelten sollen, bevor Einzelheiten für bestimmte Vertragstypen geregelt werden.

A. Das Handelsgeschäft

I. Begriff des Handelsgeschäfts

Gemäß § 343 HGB sind Handelsgeschäfte alle Geschäfte eines Kaufmanns, die zum Betriebe seines Handelsgewerbes gehören.

Hinweis: Der Gesetzgeber verwendet den Begriff des Handelsgeschäfts im HGB in doppeltem Sinn, zum einen i.S.d. Unternehmens des Kaufmanns – z.B. in den §§ 25 ff. HGB – zum anderen i.S.d. einzelnen Geschäfts, das ein Kaufmann vornimmt – z.B. in den §§ 343 ff. HGB.

!

Nach der Legaldefinition des § 343 HGB hat das Handelsgeschäft also folgende Voraussetzungen: Es muss ein Geschäft vorliegen (1.), an dem ein Kaufmann beteiligt ist (2.) und das zum Betrieb seines Handelsgewerbes gehört (3.).

1. Geschäft

Geschäft i.S.v. § 343 HGB ist jedes rechtserhebliche Verhalten. Dazu gehören somit Rechtsgeschäfte und Willenserklärungen, aber auch geschäftsähnliche Handlungen (z.B. Mahnungen) und Realakte, die vom Handelnden gewollt sind (z.B. Verarbeitung).

2. Kaufmann

§ 343 HGB setzt voraus, dass **mindestens ein Kaufmann** an dem Geschäft beteiligt ist. Die Kaufmannseigenschaft beurteilt sich nach den §§ 1 ff. HGB.

Das für Handelsgeschäfte die Beteiligung eines Kaufmanns erforderlich ist, ist Ausdruck des subjektiven Systems.

Maßgeblich für die Feststellung der Kaufmannseigenschaft ist der **Zeitpunkt der Vornahme des Geschäfts**. Der Verlust der Kaufmannseigenschaft nach Abgabe der Willenserklärung, aber noch vor deren Zugang ist unerheblich, §§ 130 Abs. 2, 153 BGB analog.

Bei wirksamer Stellvertretung kommt es auf die Person des Vertretenen an, da diesen die Wirkungen des Geschäfts treffen, § 164 Abs. 1 S. 1 BGB.

3. Betriebszugehörigkeit

Das Geschäft muss zum Betrieb des Handelsgewerbes des Kaufmanns gehören. Das ist der Fall, wenn es den Zweck oder Gegenstand des Handelsgewerbes betrifft, wobei ein mittelbarer Zusammenhang ausreichend ist.

Entgegen seinem Wortlaut bezieht sich § 344 Abs. 1 HGB nicht nur auf Rechtsgeschäfte, sondern wegen seines Sachzusammenhangs mit § 343 HGB auf alle Geschäfte i.S.v. § 343 HGB.

Für die Betriebszugehörigkeit des Geschäfts spricht die **Vermutung des § 344 Abs. 1 HGB**. Um diese Vermutung zu widerlegen, muss der Kaufmann nachweisen, dass es sich um ein Privatgeschäft handelt und dass der private Charakter für den Geschäftspartner erkennbar war.

Klausurhinweis: Wegen der Vermutung des § 344 HGB kann von einem privaten Geschäft nur ausgegangen werden, wenn dies eindeutig zum Ausdruck gekommen ist.

II. Arten von Handelsgeschäften

Je nachdem, ob das Geschäft nur für einen der Beteiligten oder für beide ein Handelsgeschäft ist, spricht man vom **einseitigen** oder vom **beiderseitigen Handelsgeschäft**.

Grundsätzlich reicht gemäß § 345 HGB ein einseitiges Handelsgeschäft für die Anwendung der §§ 343 ff. HGB, es sei denn, dass aus der jeweils einschlägigen Norm etwas anderes folgt.

Beispiele: §§ 346, 352 Abs. 1, 369, 377 HGB

B. Sonderregeln für alle Handelsgeschäfte

Für die einzelnen Rechtsgeschäfte des Kaufmanns gelten die Vorschriften des BGB, jedoch enthalten die §§ 343 ff. HGB für die Handelsgeschäfte spezielle Normen, die den besonderen Bedürfnissen des Handelsverkehrs Rechnung tragen.

Wichtige Sonderregeln für alle Handelsgeschäfte
■ § 347 HGB: Sorgfalt eines ordentlichen Kaufmanns
■ § 348 HGB: keine Herabsetzung der Vertragsstrafe
■ § 349 HGB: keine Einrede der Vorausklage für bürgenden Kaufmann
■ § 350 HGB: Bürgschaft, abstraktes Schuldanerkenntnis und -versprechen sind durch Kaufmann formfrei möglich
■ § 352 HGB: gesetzlicher Zinssatz 5%
■ § 353 HGB: Zinsen bereits ab Fälligkeit
■ § 354 a HGB: vereinbartes Abtretungsverbot ist bei Geldforderungen unwirksam
■ §§ 355 ff. HGB: Kontokorrent
■ § 360 HGB: bei Gattungsschuld ist Handelsgut mittlerer Art und Güte geschuldet
■ § 362 HGB: Schweigen bei Geschäftsbesorgung gilt als Zustimmung
■ § 366 HGB: guter Glaube an Verfügungsbefugnis ist geschützt; gutgläubiger Erwerb eines gesetzlichen Pfandrechts ist möglich
■ §§ 369 ff. HGB: kaufmännisches Zurückbehaltungsrecht

I. Sorgfalt eines ordentlichen Kaufmanns, § 347 HGB

Gemäß § 276 Abs. 1 S. 1 BGB haftet auch der Kaufmann grundsätzlich für Vorsatz und jede Fahrlässigkeit.

Gemäß § 276 Abs. 2 BGB handelt fahrlässig, wer die im Verkehr erforderliche Sorgfalt außer Acht lässt. Dabei ist auf die jeweiligen Verkehrskreise unter Berücksichtigung der Besonderheiten des Geschäftstyps und der typischerweise daran beteiligten Personengruppen abzustellen. Zu unterscheiden ist insbesondere nach Berufs-, Bildungs- und Altersgruppen. Daher ergibt sich bereits aus § 276 Abs. 2 BGB, dass zur Bestimmung der Fahrlässigkeit eines Kaufmanns auf die Sorgfalt eines ordentlichen Kaufmanns abzustellen ist. Infolgedessen **handelt es sich bei § 347 Abs. 1 HGB**, der genau diese Sorgfalt anordnet, lediglich um eine **Klarstellung**.

§ 347 HGB regelt nur den Sorgfaltsmaßstab und ist keine eigene Anspruchsgrundlage.

Dieser Sorgfaltsmaßstab gilt auch für die gesetzlichen Vertreter und Erfüllungsgehilfen des Kaufmanns!

Aufgrund der Sachkunde und Geschäftserfahrung von Kaufleuten bedeutet die Sorgfalt eines ordentlichen Kaufmanns in der Regel eine Haftungsverschärfung.

Gemäß § 347 Abs. 2 HGB bleiben die Haftungserleichterungen des BGB auch für Kaufleute anwendbar.

Beispiel: Ein ordentlicher Kaufmann muss seinen Gewerbebetrieb so organisieren, dass er für den Rechtsverkehr z.B. durch Brief, Telefon, Fax, Mail, erreichbar ist.

II. Vertragsstrafe, § 348 HGB

Nach § 343 BGB kann eine Vertragsstrafe, die unangemessen hoch ist, auf Antrag durch Urteil auf einen angemessenen Betrag herabgesetzt werden. Da Kaufleute die Bedeutung und die Auswirkung einer Vertragsstrafe auf ihren Betrieb nach Auffassung des Gesetzgebers richtig einschätzen können, ist gemäß § 348 HGB die Herabsetzung einer Vertragsstrafe, die von einem Kaufmann im Betrieb seines Handelsgewerbes versprochen wurde, ausgeschlossen.

§ 348 HGB gilt nach h.M. auch zulasten des Scheinkaufmanns.

Die Kaufmannseigenschaft bestimmt sich nach §§ 1 ff. HGB. und für die Frage, ob die Vertragsstrafe im Betrieb des Handelsgewerbes versprochen wurde, gilt die Vermutung des § 344 HGB.

! *Hinweis: Durch § 348 HGB ist lediglich die Herabsetzung der Vertragsstrafe über § 343 BGB ausgeschlossen. Die allgemeinen Regeln der §§ 134, 138, 242 BGB bleiben anwendbar.*

III. Kaufmännische Bürgschaft, §§ 349, 350 HGB

Grundsätzlich bedarf die Bürgschaftserklärung gemäß § 766 S. 1 BGB der Schriftform und der Bürge kann sich gegenüber dem Gläubiger gemäß § 771 BGB auf die Einrede der Vorausklage berufen. Ist die Bürgschaft jedoch für den Bürgen ein Handelsgeschäft, so kann die Bürgschaftserklärung **gemäß § 350 HGB formfrei** abgegeben werden und dem Bürgen steht die **Einrede der Vorausklage gemäß § 349 HGB nicht zu**.

§§ 349, 350 HGB gelten nach h.M. auch zulasten des Scheinkaufmanns.

Sowohl die Formfreiheit als auch der Verzicht auf § 771 BGB dienen der Erleichterung des Handelsverkehrs und sind Kaufleuten auch zumutbar, da sie professionell Geschäftsabschlüsse vornehmen.

IV. Entgeltlichkeit kaufmännischen Handelns, §§ 352, 353 HGB

Der gesetzliche Zinssatz beträgt gemäß § 246 BGB 4%, demgegenüber können Kaufleute bei beiderseitigen Handelsgeschäften 5% fordern (Ausnahme: Verzugszinsen).

Außerdem können Kaufleute untereinander nicht erst ab Verzug, § 288 BGB, oder ab Rechtshängigkeit, § 291 BGB, Zinsen verlangen, sondern gemäß § 353 HGB bereits ab Fälligkeit.

Darüber hinaus geht der Gesetzgeber davon aus, dass ein Kaufmann nichts kostenlos tut. Daher bestimmt § 354 HGB, dass die Geschäftsbesorgung oder Dienstleistung in Ausübung eines Handelsgewerbes auch ohne Abrede über ein Entgelt nach den an dem Orte üblichen Sätzen vergütet werden muss.

V. Wirksamkeit der Abtretung einer Geldforderung, § 354 a HGB

Die AGB-Regelungen von Kaufleuten beinhalten oftmals ein Abtretungsverbot, um sich nicht auf wechselnde Gläubiger einstellen zu müssen. Eine solche Vereinbarung ist gemäß § 399 Alt. 2 BGB zivilrechtlich zulässig, hat aber den praktischen Nachteil, dass die von dem Abtretungsverbot erfassten Forderungen dann nicht für Finanzierungszwecke zur Verfügung stehen.

Beispiel: Kaufmann A möchte seine Kaufpreisforderung gegen Kaufmann B zur Absicherung eines Darlehens bei seiner Hausbank an diese abtreten. Wenn A und B ein Abtretungsverbot vereinbart haben oder sich dieses aus den AGB des B ergibt, scheidet die Forderung als Sicherheit für das Darlehen aus.

Um einerseits nicht zu weitgehend in die Privatautonomie der Kaufleute einzugreifen, aber andererseits die Abtretung solcher Forderungen für die Refinanzierung zu ermöglichen, hat der Gesetzgeber die Regelung des § 354 a HGB geschaffen.

Danach kann eine Geldforderung, deren Abtretung durch Vereinbarung mit dem Schuldner gemäß § 399 BGB ausgeschlossen worden ist, gleichwohl wirksam abgetreten werden, wenn das Rechtsgeschäft, das die die Forderung begründet hat, für beide Teile ein Handelsgeschäft ist.

Der Schuldner wird dadurch ausreichend geschützt, dass er gemäß § 354 a Abs. 1 S. 2 HGB mit befreiender Wirkung an den bisherigen Gläubiger zahlen kann!

VI. Kontokorrent, §§ 355 ff. HGB

Das Kontokorrent dient der vereinfachten Abwicklung gegenseitiger Geldansprüche. Die einzelnen Forderungen verlieren ihre rechtliche Selbstständigkeit; sie werden in regelmäßigen Zeitabschnitten verrechnet und anerkannt.

conto corrente = laufende Rechnung

Beispiel: Girokonten

1. Voraussetzungen des § 355 Abs. 1 HGB

§ 355 HGB ist eine disponible Vorschrift, sodass auch andere Formen eines Kontokorrents vereinbart werden können.

Nach der gesetzlichen Definition des § 355 Abs. 1 HGB liegt ein Kontokorrent vor, wenn jemand mit einem Kaufmann derart in Geschäftsverbindung steht, dass die aus der Verbindung entstehenden beiderseitigen Ansprüche und Leistungen nebst Zinsen in Rechnung gestellt und in regelmäßigen Zeitabschnitten durch Verrechnung und Feststellung des sich für den einen oder anderen Teil ergebenden Überschusses ausgeglichen werden.

Voraussetzungen des § 355 Abs. 1 HGB
■ einer der Beteiligten ist Kaufmann
■ Geschäftsverbindung, aus der beiderseitige Forderungen entstehen
■ Verrechnungsabrede

a) Kaufmannseigenschaft

Mindestens einer der Beteiligten muss Kaufmann i.S.d. §§ 1 ff. HGB sein.

b) Geschäftsverbindung, aus der beiderseitige Forderungen entstehen

Aus einer Geschäftsverbindung müssen beiderseitige Ansprüche und Leistungen nebst Zinsen entstehen.

c) Verrechnungsabrede

Es muss eine Kontokorrentabrede über drei Punkte getroffen werden:

■ Ansprüche und Leistungen nebst Zinsen sollen in Rechnung gestellt werden

■ beiderseitige Forderungen und Leistungen sollen verrechnet werden

■ Verrechnungsergebnis (= Saldo) soll festgestellt und dem Vertragspartner mitgeteilt werden

2. Rechtsfolge

Die in ein Kontokorrent eingestellten Forderungen verlieren ihre rechtliche Selbstständigkeit. Sie werden zu **reinen Rechnungs-**

posten und können weder abgetreten, vgl. § 399 BGB, noch verpfändet, vgl. § 1274 BGB, noch gepfändet werden, vgl. § 851 ZPO.

Die Verrechnung am Ende der Verrechnungsperiode führt zum Erlöschen der verrechneten Einzelforderungen und zum Entstehen einer **kausalen Saldoforderung**.

Gemäß § 357 HGB kann die Saldoforderung gepfändet werden.

Die Übermittlung des Rechnungsabschlusses mit dem sich ergebenden Saldo stellt das Angebot, die Anerkennung durch den Vertragspartner die Annahme dar, sodass ein **abstraktes** – also vom Kausalverhältnis unabhängiges – **Schuldanerkenntnis gemäß § 781 BGB** vorliegt.

VII. Qualität der Leistung, § 360 HGB

Nach § 243 Abs. 1 BGB muss der Schuldner einer Gattungsschuld eine Sache mittlerer Art und Güte leisten. Bei einem Geschäft, das zumindest für den Schuldner ein Handelsgeschäft ist, wird gemäß § 360 HGB Handelsgut mittlerer Art und Güte geschuldet. Dies kann nach den jeweiligen Einzelfallumständen ein Mehr oder auch ein Weniger an Qualität bedeuten.

VIII. Schweigen auf ein Angebot

Nach allgemeinen zivilrechtlichen Maßstäben kommt dem Schweigen grundsätzlich keine eigenständige Erklärungswirkung zu. Im Handelsrecht gibt es zwei wichtige Ausnahmen:

■ Schweigen auf ein kaufmännisches Bestätigungsschreiben

■ Schweigen auf ein Angebot zur Geschäftsbesorgung, § 362 HGB

1. Das kaufmännische Bestätigungsschreiben

Das aus einem Handelsbrauch entwickelte und mittlerweile gewohnheitsrechtlich anerkannte kaufmännische Bestätigungsschreiben ist ein von dem einen Vertragspartner an den anderen gerichtetes Schreiben, in dem der Absender seine Auffassung über das Zustandekommen und den Inhalt des mündlich, fernmündlich oder telegrafisch geschlossenen Vertrages mitteilt. Will der Empfänger eines derartigen Schreibens dessen Inhalt nicht gelten lassen, muss er unverzüglich widersprechen; anderenfalls gilt sein Schweigen als Einverständnis und der Vertrag kommt zu den Bedingungen des Bestätigungsschreibens zustande.

Da die Rspr. den Anwendungsbereich auch auf Personen ausgedehnt hat, die in größerem Umfang am Wirtschaftsleben teilnehmen, sind die Grundsätze über das kaufmännische Bestätigungsschreiben somit nicht auf das Handelsrecht beschränkt.

2. Schweigen auf ein Angebot zur Geschäftsbesorgung, § 362 HGB

In den Fällen des § 362 HGB muss ein Kaufmann auf ein Angebot zur Geschäftsbesorgung unverzüglich antworten, ansonsten gilt sein Schweigen als Annahme. Dadurch soll dem Bedürfnis des Handelsverkehrs nach rascher Klärung der Sach- und Rechtslage Rechnung getragen werden.

a) Voraussetzungen des § 362 HGB

Die Voraussetzungen unter denen das Schweigen des Kaufmanns als Annahme gilt, ergeben sich aus § 362 Abs. 1 S. 1 HGB bzw. § 362 Abs. 1 S. 2 HGB.

aa) Voraussetzungen des § 362 Abs. 1 S. 1 HGB

Voraussetzungen des § 362 Abs. 1 S. 1 HGB
■ Antrag auf Abschluss eines Geschäftsbesorgungsvertrags
■ Antragsempfänger ist Kaufmann
■ Gewerbebetrieb des Kaufmanns muss Besorgung von Geschäften für andere mit sich bringen
■ Kaufmann muss mit dem Antragenden in einer Geschäftsbeziehung stehen
■ Antrag muss sich auf solche Geschäfte beziehen, die der Gewerbebetrieb des Kaufmanns mit sich bringt

(1) § 362 Abs. 1 S. 1 HGB erfordert zunächst einen **Antrag auf Abschluss eines Geschäftsbesorgungsvertrags**.

Der Antrag muss auf einen Vertragsabschluss gerichtet, hinreichend bestimmt sein und dem Kaufmann zugehen. Ob der Kaufmann vom Zugang Kenntnis erlangt, ist unerheblich.

(2) Darüber hinaus muss der Antragsempfänger zur Zeit des Zugangs **Kaufmann** sein. Die Kaufmannseigenschaft bestimmt sich §§ 1 ff. HGB.

(3) Ferner muss der Gewerbebetrieb des Kaufmanns die **Besorgung von Geschäften** für andere mit sich bringen.

Unter Geschäftsbesorgung i.S.d. § 362 HGB ist dasselbe zu verstehen wie in § 675 BGB. Geschäfte für einen anderen besorgt danach derjenige, der – außerhalb eines dauernden Dienstverhältnisses – eine an sich dem anderen zukommende Tätigkeit rechtsgeschäftlicher oder tatsächlicher Art übernimmt. Maßgeblich ist, dass die Tätigkeit des Kaufmanns sich unmittelbar auf das Vermögen des Geschäftsherrn auswirkt und der Kaufmann dabei eine an sich dem Geschäftsherrn zukommende Aufgabe wahrnimmt.

Beispiel: Tätigkeit der Banken im Bereich der Kontoführung

(4) Der Kaufmann muss mit dem Antragenden in einer **Geschäftsbeziehung** stehen.

Einerseits ist es nicht ausreichend, dass die Parteien gelegentlich miteinander Geschäfte geschlossen haben, andererseits ist nicht erforderlich, dass bereits länger eine Geschäftsbeziehung besteht. Entscheidend ist vielmehr, dass die Geschäftsbeziehung im Zeitpunkt des Antrags besteht und die Parteien den Willen haben, auf Dauer miteinander Geschäfte zu machen.

(5) Schließlich muss sich der Antrag auf die Besorgung solcher **Geschäfte** beziehen, **die der Gewerbebetrieb des Kaufmanns mit sich bringt**, d.h. das Geschäft muss zu dessen **üblichem Geschäftskreis gehören**.

Maßgeblich ist dabei nicht, wie der Kaufmann seinen Betrieb tatsächlich führt oder ob ein derartiges Geschäft auch in der konkreten Geschäftsbeziehung üblich ist, sondern welche Geschäftsbesorgungen nach der Verkehrsanschauung normalerweise zu einem solchen Gewerbebetrieb gehören.

Beispiel: Transport von Sachen durch Spediteur gehört zum üblichen Geschäftskreis

Gegenbeispiel: Einem Spediteur geht ein Maklerauftrag zu. Maklergeschäfte durch Spediteure sind branchenfremd und daher nicht von § 362 Abs. 1 HGB erfasst.

§ 362 Abs. 1 HGB gilt auch zulasten des Scheinkaufmanns und wird analog auf Personen angewandt, die in kaufmännischer Weise am Geschäftsverkehr teilnehmen.

bb) Voraussetzungen des § 362 Abs. 1 S. 2 HGB

Voraussetzungen des § 362 Abs. 1 S. 2 HGB
■ Antrag auf Abschluss eines Geschäftsbesorgungsvertrags
■ Antragsempfänger ist Kaufmann
■ Kaufmann muss sich jemandem zur Besorgung von Geschäften erboten haben
■ Antrag muss sich im Rahmen des Erbotenen halten

(1) Auch die Regelung des § 362 Abs. 1 S. 2 HGB erfordert zunächst einen **Antrag auf Abschluss eines Geschäftsbesorgungsvertrags** und der **Antragsempfänger** muss wiederum **Kaufmann** sein.

Nicht erforderlich ist im Unterschied zu § 362 Abs. 1 S. 1 HGB, dass der Betrieb des Kaufmanns eine Geschäftsbesorgung mit sich bringt und dass eine Geschäftsbeziehung besteht.

(2) Ferner muss sich der Kaufmann jemandem **zur Besorgung von Geschäften erboten** haben und der **Antrag muss sich im Rahmen des Erbotenen** halten.

Beispiel: Versenden einer Werbedrucksache an bestimmte Adressaten, in der die Besorgung von Geschäften angeboten wird

b) Rechtsfolge des § 362 Abs. 1 HGB

Sind die Voraussetzungen des § 362 Abs. 1 HGB erfüllt und lehnt der Kaufmann das Angebot nicht unverzüglich ab, d.h. ohne schuldhaftes Zögern, vgl. § 121 Abs. 1 S. 1 BGB, so gilt sein Schweigen als Annahme und der Geschäftsbesorgungsvertrag kommt mit dem Inhalt des Antrags zustande.

!

Dem Beauftragten schadet nur Schweigen. Jede irgendwie geartete Antwort verhindert, dass die Wirkungen des § 362 HGB eintreten.

IX. Erwerb vom Nichtberechtigten, § 366 HGB

§ 366 HGB verweist auf die §§ 932 ff, 1207 BGB. Daher ist die Regelung in der Falllösung immer i.V.m. diesen Normen zu zitieren.

Die §§ 932 ff., 1207 BGB regeln den Erwerb vom Nichteigentümer, überwinden also den Mangel im Eigentum des Verfügenden. Demgegenüber schützt § 366 HGB unter bestimmten Voraussetzungen den **guten Glauben an die Verfügungsbefugnis**.

1. Gutgläubiger Erwerb gemäß § 366 Abs. 1 HGB

Voraussetzungen des § 366 Abs. 1 HGB

- Veräußerer ist Kaufmann

- Veräußerung einer beweglichen Sache im Betriebe des Handelsgewerbes

- Gutgläubigkeit des Erwerbers in Bezug auf die Verfügungsbefugnis des Veräußerers

- wirksames Verfügungsgeschäft i.S.v. §§ 932 ff., 1207 ff. BGB

a) Veräußerer ist Kaufmann

Erforderlich ist zunächst, dass der **Veräußerer Kaufmann** ist. Die Kaufmannseigenschaft bestimmt sich nach §§ 1 ff. HGB.

Umstritten ist, ob § 366 HGB **beim Erwerb vom Scheinkaufmann anwendbar** ist. Die h.M. lehnt dies ab, da der vom Scheinkaufmann veranlasste Rechtsschein nicht in die Rechtsposition unbeteiligter Dritter eingreifen dürfe. Nach a.A. ist § 366 HGB auf den Scheinkaufmann anwendbar, da die Vorschrift dem Schutz gutgläubiger Dritter im Verkehr mit einem Kaufmann dienen solle und es aus der Sicht des Dritten keinen Unterschied mache, ob dieser wirklich Kaufmann sei oder im Handelsverkehr nur als solcher auftrete.

!

b) Veräußerung einer beweglichen Sache im Betrieb des Handelsgeschäfts

Zudem muss die Veräußerung einer beweglichen Sache im Betrieb des Handelsgeschäfts erfolgen. Der gutgläubige Erwerb von Immobilien oder Rechten ist somit ausgeschlossen. Ob die Veräußerung betriebsbezogen ist, bestimmt sich nach den §§ 343 ff. HGB.

Dem Erwerber kommt die Vermutung des § 344 HGB zugute.

c) Gutgläubigkeit des Erwerbers in Bezug auf die Verfügungsbefugnis des Veräußerers

Darüber hinaus muss der Erwerber in Bezug auf die Verfügungsbefugnis des Veräußerers gutgläubig sein.

Der gute Glaube des Erwerbers fehlt, wenn er die fehlende Verfügungsbefugnis des Veräußerers kannte oder grob fahrlässig nicht kannte, vgl. § 932 Abs. 2 BGB.

Die h.M. lehnt die Anwendung des § 366 HGB bzgl. des guten Glaubens an die Vertretungsmacht hinsichtlich des **Kausalgeschäfts** ab, da § 366 HGB nur Rechtssicherheit bei der dinglichen Zuordnung erreichen wolle.

Es ist **umstritten, ob § 366 HGB analog auf den guten Glauben an die Vertretungsmacht anzuwenden ist**. Die h.M. befürwortet die Analogie wegen des Schutzzwecks des § 366 HGB, der die Sicherheit des Handelsverkehrs gewährleisten möchte. Nach a.A. kann § 366 HGB mangels Schutzwürdigkeit des Dritten nicht analog auf den guten Glauben an die Vertretungsmacht angewendet werden.

Beispiel: K bringt seinen Laptop zum Computerhändler C, damit der ein neues Betriebssystem installiert. C verkauft den Laptop namens des K an den X, der davon ausgeht, dass C mit Vertretungsmacht handelt.

Nach h.M. hat der X das Eigentum an dem Laptop gemäß §§ 929 S. 1, 932 Abs. 1 BGB i.V.m. § 366 Abs. 1 HGB erworben.

d) Wirksames Verfügungsgeschäft i.S.d. §§ 932 ff., 1207 ff. BGB

Schließlich müssen alle weiteren Voraussetzungen der §§ 932 ff., 1207 BGB für ein wirksames Verfügungsgeschäft gegeben sein. D.h. dass die Verfügung an keinem anderen Mangel als an der fehlenden Verfügungs- bzw. Vertretungsmacht leiden darf.

2. § 366 Abs. 2 HGB

§ 366 Abs. 2 HGB erweitert die Regelung des § 936 BGB. Nach § 366 Abs. 2 HGB erlangt der Erwerber lastenfreies Eigentum, wenn er die Belastung kennt, den Veräußerer aber gutgläubig für befugt hält, ohne Vorbehalt des Rechts über die Sache zu verfügen.

3. § 366 Abs. 3 HGB

Gemäß § 366 Abs. 3 HGB findet die Regelung des § 366 Abs. 1 HGB auch auf die gesetzlichen Pfandrechte des HGB Anwendung (Kommissionär, § 397 HGB; Spediteur, § 464 HGB; Lagerhalter, § 475 b HGB; Frachtführer, § 441 HGB).

X. Zurückbehaltungsrecht, § 369 HGB

Dem Schuldner steht gemäß § 273 Abs. 1 BGB ein Zurückbehaltungsrecht gegen seinen Gläubiger zu, wenn er gegen diesen einen fälligen Anspruch hat, der aus demselben rechtlichen Verhältnis stammt, aus dem seine Verpflichtung herrührt (sogenannte Konnexität). Das Handelsrecht gewährt dem Kaufmann zur besseren Absicherung seiner Rechtsposition unter den Voraussetzungen des § 369 HGB ein Zurückbehaltungsrecht, auch wenn keine Konnexität der Ansprüche besteht.

1. Voraussetzungen des § 369 HGB

Voraussetzungen des § 369 HGB
■ beiderseitige Kaufmannseigenschaft
■ fällige Geldforderung
■ Forderung stammt aus einem beiderseitigen Handelsgeschäft
■ Tauglicher Zurückbehaltungsgegenstand
■ kein Ausschluss gemäß § 369 Abs. 3 HGB

a) Beiderseitige Kaufmannseigenschaft

Voraussetzung ist zunächst, dass beide Parteien Kaufleute i.S.d. §§ 1 ff. HGB sind.

Das kaufmännische Zurückbehaltungsrecht besteht auch **gegen** den Scheinkaufmann.

b) Fällige Geldforderung

Dem Zurückbehaltungs-Gläubiger muss gegen den Zurückbehaltungs-Schuldner eine fällige Forderung zustehen.

Hinweis: Der Gesetzgeber bezeichnet in § 369 HGB denjenigen als Gläubiger, dem das Zurückbehaltungsrecht zustehen soll, und seinen Gegner als Schuldner. In § 273 BGB verwendet der Gesetzgeber die Begriffe genau umgekehrt: der Zurückbehaltungsberechtigte wird als Schuldner und sein Gegner als Gläubiger bezeichnet. Daher werden im Folgenden zur Klarstellung die Begriffe Zurückbehaltungs-Gläubiger und Zurückbehaltungs-Schuldner verwendet.

Bei der Forderung muss es sich nach h.M. um eine **Geldforderung** handeln. Dies ergebe sich aus dem Verwertungsrecht des § 371 HGB. Diese Regelung geht davon aus, dass sich der Zurückbehaltungs-Gläubiger wegen seiner Forderung aus dem Verkaufserlös befriedigen kann. Eine Befriedigung durch eine Geldzahlung kann aber nur eintreten, wenn der Anspruch auch auf Geldzahlung gerichtet ist.

!

c) Forderung stammt aus einem beiderseitigen Handelsgeschäft

Die Forderung muss aus einem beiderseitigen Handelsgeschäft zwischen Gläubiger und Schuldner stammen. Eine Konnexität ist – anders als bei § 273 Abs. 1 BGB – nicht erforderlich!

d) Tauglicher Gegenstand

Die Sache muss ein tauglicher Zurückbehaltungsgegenstand sein:

■ bewegliche Sache oder Wertpapier im engeren Sinn

Beispiel: Scheck, Wechsel

■ grundsätzlich muss die Sache im Eigentum des Zurückbehaltungs-Schuldners stehen (Ausnahme: § 369 Abs. 1 S. 2 HGB)

■ die Sache muss mit Willen des Zurückbehaltungs-Schuldners aufgrund eines Handelsgeschäfts in den Besitz des Zurückbehaltungs-Gläubigers gelangt sein

e) kein Ausschluss gemäß § 369 Abs. 3 HGB

Gemäß § 369 Abs. 3 HGB ist das Zurückbehaltungsrecht ausgeschlossen, wenn der Zurückbehaltungs-Gläubiger in bestimmter Weise mit dem Gegenstand verfahren muss, und zwar laut vor oder bei der Übergabe erteilter Weisung des Zurückbehaltungs-Schuldners, oder kraft einer irgendwann vom Zurückbehaltungs-Gläubiger übernommenen Verpflichtung.

2. Rechtsfolge des § 369 HGB

Sind die Voraussetzungen des § 369 HGB erfüllt, so steht dem Kaufmann ein Zurückbehaltungsrecht und darüber hinaus ein pfandartiges Befriedigungsrecht zu, wenn ein vollstreckbarer Titel vorliegt. Ferner hat er im Insolvenzverfahren ein Absonderungsrecht.

1. Was ist ein Handelsgeschäft?

1. Der Gesetzgeber verwendet den Begriff des Handelsgeschäfts im HGB in doppeltem Sinn, zum einen i.S.d. Unternehmens des Kaufmanns – z.B. in den §§ 25 ff. HGB – zum anderen i.S.d. des § 343 HGB – also als einzelnes Geschäft, das ein Kaufmann im Betriebe seines Handelsgewerbes vornimmt – z.B. in den §§ 348 ff. HGB.

2. Welche Bedeutung hat § 347 HGB?

2. Bei dieser Regelung handelt es sich lediglich um eine Klarstellung, denn es ergibt sich bereits aus der Vorschrift des § 276 Abs. 2 BGB, dass unter Kaufleuten die Sorgfalt eines ordentlichen Kaufmanns anzuwenden ist.

3. Welchen Zweck verfolgt der Gesetzgeber mit § 354 a HGB?

3. Durch § 354 a HGB soll die Abtretung von Forderungen, die ein Kaufmann gegen einen anderen Kaufmann hat, aber deren Abtretung durch Individualvereinbarung oder durch AGB ausgeschlossen ist, ermöglicht werden, damit sie für Refinanzierungen als Sicherheit zur Verfügung stehen.

4. Was ist eine Geschäftsbesorgung i.S.v. § 362 HGB?

4. Unter Geschäftsbesorgung i.S.d. § 362 HGB ist dasselbe zu verstehen wie in § 675 BGB. Geschäfte für einen anderen besorgt danach derjenige, der – außerhalb eines dauernden Dienstverhältnisses – eine an sich dem anderen zukommende Tätigkeit rechtsgeschäftlicher oder tatsächlicher Art übernimmt.

5. Schützt § 366 HGB auch den guten Glauben an die Vertretungsmacht?

5. Es ist umstritten, ob § 366 HGB analog auf den guten Glauben an die Vertretungsmacht anzuwenden ist. Die h.M. befürwortet die Analogie wegen des Schutzzwecks des § 366 HGB, der die Sicherheit des Handelsverkehrs gewährleisten möchte. Nach a.A. kann § 366 HGB mangels Schutzwürdigkeit des Dritten nicht analog auf den guten Glauben an die Vertretungsmacht angewendet werden.

6. Warum gewährt die h.M. nur bei Geldforderungen ein Zurückbehaltungsrecht nach § 369 HGB?

6. Dies ergibt sich nach h.M. aus dem Verwertungsrecht des § 371 HGB. Diese Regelung geht davon aus, dass sich der Zurückbehaltungs-Gläubiger wegen seiner Forderung aus dem Verkaufserlös befriedigen kann. Eine Befriedigung durch eine Geldzahlung kann aber nur eintreten, wenn der Anspruch auch auf Geldzahlung gerichtet ist.

6. Abschnitt: Der Handelskauf, §§ 373 ff. HGB

Der Gesetzgeber hat in den §§ 373–382 HGB Sonderregeln für den Handelskauf aufgestellt, die eine schnelle und einfache Abwicklung bezwecken.

Der Handelskauf ist ein Kaufvertrag über Waren (§ 373 HGB) oder Wertpapiere (§ 381 Abs. 1 HGB), der für mindestens einen Vertragspartner ein Handelsgeschäft i.S.v. § 343 HGB darstellt.

Bei Kaufverträgen über Grundstücke liegt demnach kein Handelskauf vor, sodass die §§ 373 ff. HGB nicht zur Anwendung kommen. Es kann jedoch ein Handelsgeschäft i.S.v. § 343 HGB gegeben sein, sodass die §§ 343–372 HGB einschlägig sind.

Waren sind nach der Legaldefinition des § 241 a BGB alle beweglichen Sachen und Wertpapiere i.S.d. § 381 Abs. 1 HGB sind alle marktgängigen Handelspapiere.

Beispiele: Aktien, Inhaberschuldverschreibungen, Orderpapiere

Neben dem Kaufvertrag gelten die Vorschriften über den Handelskauf auch für den Tausch, vgl. § 480 BGB, und für den Werklieferungsvertrag über vertretbare und nicht vertretbare Sachen, vgl. § 381 Abs. 2 HGB.

A. Annahmeverzug des Käufers, §§ 373, 374 HGB

Gerät der Käufer bei einem Handelskauf in Annahmeverzug, so gelten gemäß § 374 HGB die BGB-Regeln, also die §§ 293 ff. BGB. Der Verkäufer hat jedoch daneben gemäß § 373 HGB ein erweitertes Hinterlegungsrecht sowie wahlweise das Recht zum Selbsthilfeverkauf.

!

Hinweis: Die BGB-Vorschriften werden durch § 373 HGB nicht verdrängt, sodass der Verkäufer die Wahl hat, ob er nach HGB oder BGB vorgeht.

I. Hinterlegung, § 373 Abs. 1 HGB

Gemäß § 373 Abs. 1 HGB kann der Verkäufer bei Annahmeverzug des Käufers die Ware auf Gefahr und Kosten des Käufers in einem öffentlichen Lagerhaus oder sonst in sicherer Weise hinterlegen.

Diese Regelung weist folgende Unterschiede zur Hinterlegung gemäß §§ 372 ff. HGB auf:

- **Jede Ware** ist hinterlegungsfähig.

  Nach § 372 S. 1 BGB sind nur Geld, Wertpapiere, sonstige Urkunden und Kostbarkeiten hinterlegungsfähig.

- Hinterlegung kann **in öffentlichem Lagerhaus oder sonst in sicherer Weise** erfolgen.

  Nach § 374 Abs. 1 BGB ist Hinterlegungsstelle am Leistungsort das Amtsgericht.

- Hinterlegung hat **keine Erfüllungswirkung**, sondern befreit den Verkäufer nur von der Last der Aufbewahrung.

  Gemäß § 378 BGB hat die Hinterlegung Erfüllungswirkung.

II. Selbsthilfeverkauf, § 373 Abs. 2–5 HGB

Gemäß § 373 Abs. 2–5 HGB hat der Gesetzgeber dem Verkäufer bei Annahmeverzug des Käufers den Selbsthilfeverkauf erleichtert, damit er sich der Ware schneller entledigen kann.

Diese Regelung weist folgende Unterschiede zum Selbsthilfeverkauf gemäß §§ 383 ff. BGB auf:

- **Alle Waren und Wertpapiere** sind geeigneter Gegenstand eines Selbsthilfeverkaufs. Daher besteht für den Verkäufer ein Wahlrecht zwischen Hinterlegung und Selbsthilfeverkauf.

  Nach § 383 Abs. 1 BGB sind nur nicht hinterlegungsfähige Sachen geeigneter Gegenstand eines Selbsthilfeverkaufs.

- Die Durchführung erfolgt wie nach BGB durch eine öffentliche Versteigerung oder einen freihändigen Verkauf, allerdings ist der **Ort des Verkaufs nicht vorgeschrieben**.

  Nach § 383 Abs. 1 BGB erfolgt der Verkauf grundsätzlich am Leistungsort.

- Bei einem ordnungsgemäßen Selbsthilfeverkauf **erlischt der Lieferanspruch** des Käufers gemäß § 362 BGB, da der Verkäufer den Selbsthilfeverkauf „für Rechnung des Käufers" durchführt, vgl. § 373 Abs. 3 HGB.

  Nach h.M. bewirkt der Selbsthilfeverkauf nach §§ 383 ff. BGB eine Umwandlung des ursprünglichen Lieferanspruchs in eine Geldforderung in Höhe des Verkaufserlöses.

B. Spezifikationskauf, § 375 HGB

Der Spezifikationskauf i.S.v. § 375 Abs. 1 HGB ist ein Handelskauf über eine bewegliche Sache, bei welchem die Parteien im Hinblick auf den Kaufgegenstand nur vereinbaren, aus welchem Grundstoff die Ware zu bestehen hat, während dem Käufer die nähere Bestimmung über Form, Maß, etc. überlassen bleibt.

Der Spezifikationskauf ist keine Wahlschuld i.S.v. § 262 BGB, bei der der Schuldner zu verschiedenen Leistungen verpflichtet ist, von denen nur die eine oder andere zu erbringen ist.

Beispiel: Textilhersteller T war mit der Qualität seines Stofflieferanten S im Vorjahr sehr zufrieden. Daher bestellt er für das kommende Frühjahr bei S dieselbe Menge Stoff, behält sich jedoch vor, kurzfristig die Farbe zu bestimmen.

C. Fixhandelskauf, § 376 HGB

Das Geschäft muss mit der Einhaltung des Termins „stehen und fallen". Dies wird häufig durch Klauseln wie „fix", „exakt", „genau" oder „spätestens" festgelegt.

Der Fixhandelskauf ist ein Handelskauf, bei dem die Leistung zumindest des einen Teils genau zu einer fest bestimmten Zeit oder innerhalb einer fest bestimmten Frist bewirkt werden soll, § 376 Abs. 1 HGB. Die Einhaltung der Frist muss wesentlicher Bestandteil des Vertrages sein.

Beispiel: „Die Lieferung erfolgt spätestens binnen einer Woche nach Abruf durch den Käufer."

Es handelt sich um einen Spezialfall des im BGB geregelten relativen Fixgeschäfts, § 323 Abs. 2 Nr. 2 BGB. Die Regelung des § 376 HGB weist gegenüber BGB-Regelung folgende Besonderheiten auf:

■ Der Erfüllungsanspruch besteht nach § 376 Abs. 1 S. 2 HGB nur **bei sofortiger Anzeige des Gläubigers** nach Fristablauf fort.

■ § 376 HGB sieht **wahlweise ein Rücktrittsrecht oder Schadensersatzanspruch** vor. Der Schadensersatzanspruch setzt den Verzug des Schuldners voraus, jedoch ist keine Fristsetzung erforderlich.

Nach § 323 BGB besteht nur ein Rücktrittsrecht und § 281 BGB verlangt eine Fristsetzung.

D. Handelsrechtliche Rügeobliegenheit, § 377 HGB

Wenn die dem Käufer gelieferte Ware mit einem Mangel behaftet ist, so stehen ihm gemäß §§ 434 ff. BGB Mängelgewährleistungsansprüche zu.

Gemäß § 377 HGB stehen diese Rechte dem Käufer bei einem beiderseitigen Handelskauf nur zu, wenn er den Mangel rechtzeitig rügt. Dadurch soll dem Bedürfnis des Handelsverkehrs nach rascher Abwicklung des Geschäfts Rechnung getragen werden.

Hinweis: Die Regelung des § 377 HGB begründet für den Käufer keine Rügepflicht. Er macht sich also nicht schadensersatzpflichtig, wenn er die Rüge unterlässt. Er verliert jedoch gemäß § 377 Abs. 2 HGB seine Ansprüche, wenn er nicht rechtzeitig rügt, d.h. er verschlechtert seine eigene Rechtsposition. Folglich handelt es sich bei § 377 HGB um eine **Rügeobliegenheit**.

! *In einer Klausur sollte darauf geachtet werden, die korrekte Terminologie zu verwenden, um beim Prüfer den Eindruck zu vermeiden, man habe die Rechtsnatur der Regelung des § 377 HGB nicht erkannt.*

I. Voraussetzungen für das Bestehen einer Rügeobliegenheit

Die Voraussetzungen für das Bestehen einer Rügeobliegenheit ergeben sich aus § 377 Abs. 1 HGB.

Bestehen einer Rügeobliegenheit gemäß § 377 Abs. 1 HGB
■ beiderseitiger Handelskauf
■ Ablieferung der Ware
■ Ware ist mangelhaft
■ kein Ausschluss gemäß § 377 Abs. 5 HGB

1. Beiderseitiger Handelskauf

Erforderlich ist zunächst ein beiderseitiger Handelskauf. D.h. im Zeitpunkt des Abschlusses des Kaufvertrages muss es sich um ein beiderseitiges Handelsgeschäft i.S.v. § 343 HGB handeln.

§ 377 HGB wird auch zulasten des Scheinkaufmanns angewandt, ist jedoch nach h.M. auf Nichtkaufleute nicht analog anwendbar.

Beim Streckengeschäft ist § 377 HGB nach h.M. anwendbar, da bei der Kaufmannseigenschaft auf den Käufer und nicht auf den direkt belieferten Abnehmer abzustellen ist.

2. Ablieferung der Ware

Ferner muss die Ware abgeliefert worden sein, d.h. der Käufer oder eine von ihm benannte Person muss in eine solche tatsächliche räumliche Beziehung zu der Ware kommen, dass deren Beschaffenheit nachgeprüft werden kann.

Die Nachlieferung ist als selbstständige Lieferung anzusehen!

3. Ware mangelhaft

Zudem muss die Ware mangelhaft sein. Mangels eigenständiger Definition des Mangels in § 377 HGB muss auf die allgemeinen zivilrechtlichen Vorschriften zurückgegriffen werden.

Unstreitig besteht eine Rügeobliegenheit, wenn ein Sachmangel i.S.v. § 434 BGB gegeben ist. **Umstritten ist jedoch, ob auch ein Rechtsmangel i.S.v. § 435 BGB im Rahmen des § 377 HGB ausreichend ist.** Nach h.M. ist § 377 HGB bei einem Rechtsmangel einschlägig, da der Gesetzgeber Sach- und Rechtsmängel im BGB gleichgestellt hat und in § 377 HGB keine abweichende Differenzierung vorgenommen wurde. Die Gegenansicht hält § 377 HGB auf Rechtsmängel für nicht anwendbar, da diese bei einer Untersuchung nicht erkennbar seien. Dem kann man jedoch die Regelung

!

des § 377 Abs. 3 HGB entgegenhalten, wonach bei verdeckten Mängeln eine Rüge nach Erkennbarkeit ausreichend ist.

4. Kein Ausschluss gemäß § 377 Abs. 5 HGB

Schließlich darf kein Ausschluss gemäß § 377 Abs. 5 HGB gegeben sein. Danach entfällt die Rügeobliegenheit des Käufers, wenn der Verkäufer den Mangel arglistig verschwiegen hat.

II. Verletzung der Rügeobliegenheit

Wenn für den Käufer gemäß § 377 Abs. 1 HGB eine Rügeobliegenheit besteht, muss er den Mangel ordnungsgemäß rügen, um seine Rechte, die ihm aufgrund der Mangelhaftigkeit zustehen, nicht gemäß § 377 Abs. 2 HGB zu verlieren.

1. Inhalt

Erforderlich ist eine inhaltlich substantiierte Mängelanzeige. D.h. der Verkäufer muss aufgrund der Rüge des Käufers Art und Umfang der Mängel erkennen können.

2. Zeitpunkt

Bis wann die Rüge erfolgt sein muss, hängt davon ab, ob es sich um einen offenen oder um einen versteckten Mangel handelt:

Bei der Untersuchung handelt es sich ebenfalls um eine Obliegenheit des Käufers!

- **offene Mängel, die ohne Untersuchung erkennbar** sind, müssen unverzüglich nach der Ablieferung gerügt werden

  Beispiel: Es werden Tische ohne Tischbeine geliefert

- **offene Mängel, die mit Untersuchung erkennbar** sind, müssen unverzüglich nach Ablauf der Frist, die für eine ordnungsgemäße Untersuchung erforderlich ist, gerügt werden

  Beispiel: Es werden statt 300 Stühlen nur 288 geliefert.

- **versteckte Mängel** – also solche, die auch bei ordnungsgemäßer Untersuchung nicht erkennbar sind – müssen gemäß § 377 Abs. 3 HGB unverzüglich nach Erkennbarkeit gerügt werden

  Beispiel: Maschine hat einen anfänglichen Defekt, der sich erst nach zwei Monaten durch den ständigen Gebrauch zeigt.

Für die Einordnung des Mangels ist maßgeblich, ob der Mangel bei einer verkehrsüblichen Untersuchung dem Käufer als ordentlichen Kaufmann, vgl. § 347 HGB, erkennbar gewesen wäre.

Es ist davon auszugehen, dass eine erste grobe Untersuchung (Öffnen der Verpackung, Vergleich mit dem Lieferschein) unverzüglich (§ 121 BGB) nach der Ablieferung zu erfolgen hat; eine intensivere Untersuchung ist anzuschließen, soweit dies nach ordnungsgemäßem Geschäftsgang tunlich ist.

Würde die Ware durch eine Untersuchung wirtschaftlich gemindert, reicht es, wenn der Käufer repräsentative Stichproben vornimmt.

3. Rechtsfolge bei Verletzung der Rügeobliegenheit

a) Auswirkungen auf die Käuferrechte

Rügt der Käufer nicht rechtzeitig oder nicht ordnungsgemäß, verletzt er seine Rügeobliegenheit und die Ware gilt gemäß § 377 Abs. 2 HGB als genehmigt (**Genehmigungsfiktion**). D.h. der Verkäufer verliert gemäß § 377 Abs. 2 HGB sämtliche Rechte, die ihm aufgrund der Mangelhaftigkeit der Sache zustehen:

■ § 437 BGB: Nacherfüllung, Rücktritt, Minderung, Schadensersatz, Aufwendungsersatz;

■ aber auch sonstige Rechte, z.B. §§ 119 ff. BGB.

Ergeben sich aufgrund von Nebenpflichtverletzungen Schadensersatzansprüche aus § 280 Abs. 1 BGB, sind sie nicht aufgrund der Genehmigungsfiktion des § 377 Abs. 2 HGB ausgeschlossen.

Beispiel: Kaufmann A hat bei Kaufmann B Ware bestellt. B liefert mangelhafte Ware, was A jedoch erst nach drei Wochen bemerkt. Er verlangt Nachlieferung, die B verweigert, da A nicht rechtzeitig gerügt habe. Kann A von B Nachlieferung verlangen?

I. Grundsätzlich steht A gegen B **gemäß §§ 437 Nr. 1, 439 BGB** ein Anspruch auf Nachlieferung zu.

II. Dieser könnte jedoch **gemäß § 377 Abs. 2 HGB** wegen Verletzung der Rügeobliegenheit **ausgeschlossen** sein.

1. A und B haben einen beiderseitigen Handelskauf abgeschlossen, die mangelhafte Ware wurde an A abgeliefert und Arglist des Verkäufers B ist nicht ersichtlich, sodass für A gemäß § 377 Abs. 1 HGB eine **Rügeobliegenheit bestand**.

2. A hat mit seinem Nachlieferungsbegehren eine Mängelanzeige vorgenommen, diese erfolgte jedoch erst drei Wochen nach der Ablieferung und war daher nicht mehr rechtzeitig. Infolgedessen hat A seine **Rügeobliegenheit verletzt**, sodass die Ware als genehmigt gilt und der Nachlieferungsanspruch des A somit gemäß § 377 Abs. 2 HGB ausgeschlossen ist.

Aufbau: Der Klausuraufhänger ist immer die Genehmigungsfiktion gemäß § 377 Abs. 2 HGB. Diese hat zwei Voraussetzungen, die in einer Klausur sauber durchzuprüfen sind: Bestehen einer Rügeobliegenheit (1.), Verletzung derselben (2.).

Nach h.M. sind deliktische Ansprüche, die sich infolge der Mangelhaftigkeit der Ware ergeben, nicht ausgeschlossen, da zwischen vertraglichen und deliktischen Schadensersatzansprüchen eine echte Anspruchskonkurrenz besteht.

!

Deliktische Ansprüche sind nach h.M. überhaupt nur gegeben, wenn der ursprüngliche Mangel mit dem späteren Schaden nicht stoffgleich ist, sogenannter weiterfressender Mangel.

b) Auswirkungen auf die Verkäuferrechte

Inwieweit sich die Verletzung der Rügeobliegenheit auf die Gegenleistung des Käufers auswirkt, ist gesetzlich nicht geregelt und daher teilweise umstritten. Es entspricht jedoch allgemeiner Ansicht, dass bei einem Qualitätsmangel, einer Zuweniglieferung und bei einer minderwertigen Falschlieferung der vereinbarte Kaufpreis zu zahlen ist.

! **Umstritten ist allerdings, ob bei einer wertvolleren Falschlieferung der höhere oder der vereinbarte Kaufpreis zu zahlen ist:** Zum Teil wird vertreten, dass der Käufer, der seine Rügeobliegenheit verletzt hat, bei wertvollerer Ware den höheren Kaufpreis und bei billigerer Ware den vereinbarten Kaufpreis zahlen muss. Dies folge aus dem Sanktionsgedanken des § 377 HGB, wonach die Verletzung der Rügeobliegenheit sich immer zulasten des Käufers auswirken müsse. Nach h.M. bleibt nach dem Grundsatz „pacta sunt servanda" auch bei Verletzung der Rügeobliegenheit der vereinbarte Kaufpreis als Gegenleistung bestehen, es sei denn, die Vertragsparteien hätten eine anderweitige Vereinbarung getroffen.

Beispiel: Kaufmann A bestellt bei Kaufmann B 10 Räder der Marke Rasant, Modell Blitz, zu einem Gesamtpreis von 10.000 €. Geliefert werden 10 Räder von Canyon, Modell Mountain, die insgesamt 15.000 € kosten. Erst als B nach einem Monat Zahlung von 15.000 € von A verlangt, stellt dieser die nicht korrekte Lieferung fest. Muss A die 15.000 € zahlen?

I. A ist grundsätzlich gemäß § 433 Abs. 2 BGB nur zur Zahlung des vereinbarten Kaufpreises i.H.v. 10.000 € verpflichtet.

II. A hat jedoch seine Rügeobliegenheit aus § 377 Abs. 1 HGB verletzt, indem er die Falschlieferung, die gemäß § 434 Abs. 3 BGB als Mangel gilt, nicht unverzüglich nach Ablieferung gerügt hat.
Mangels gesetzlicher Regelung ist die Frage, wie sich die Verletzung der Rügeobliegenheit auf die Gegenleistung auswirkt, streitig: Nach einer Ansicht muss A wegen des Sanktionsgedankens den höheren Kaufpreis – also 15.000 € – zahlen. Nach h.M. bleibt der vereinbarte Kaufpreis – also 10.000 € – als Gegenleistung bestehen, es sei denn die Vertragsparteien hätten eine anderweitige Vereinbarung getroffen. Der von der a.A. angeführte Sanktionsgedanke ist zwar nach wertenden Gesichtspunkten nachvollziehbar, aber dogmatisch mit dem Vertragsrecht nicht vereinbar. Also muss A lediglich 10.000 € zahlen.

1. Was ist ein Handelskauf?

1. Der Handelskauf ist ein Kaufvertrag über Waren (§ 373 HGB) oder Wertpapiere (§ 381 Abs. 1 HGB), der für mindestens einen Vertragspartner ein Handelsgeschäft i.S.v. § 343 HGB darstellt. Neben dem Kaufvertrag gelten die Vorschriften über den Handelskauf auch für den Tausch, vgl. § 480 BGB, und für den Werklieferungsvertrag über vertretbare und nicht vertretbare Sachen, vgl. § 381 Abs. 2 HGB.

2. Welche Unterschiede weist die Hinterlegung nach § 373 Abs. 1 HGB gegenüber der Hinterlegung nach §§ 372 ff. BGB auf?

2. Bei § 373 Abs. 1 HGB ist jede Ware hinterlegungsfähig, während nach § 372 S. 1 BGB nur Geld, Wertpapiere, sonstige Urkunden und Kostbarkeiten hinterlegungsfähig sind; nach § 373 Abs. 1 HGB kann die Hinterlegung in öffentlichem Lagerhaus oder sonst in sicherer Weise erfolgen, während nach § 374 Abs. 1 BGB die Hinterlegungsstelle am Leistungsort das Amtsgericht ist; ferner hat die Hinterlegung gemäß § 373 Abs. 1 HGB – im Unterschied zu § 378 BGB – keine Erfüllungswirkung, sondern befreit den Verkäufer nur von der Last der Aufbewahrung

3. Reicht ein Rechtsmangel i.S.v. § 435 BGB für eine Rügeobliegenheit gemäß § 377 Abs. 1 HGB aus?

3. Es ist umstritten, ob auch ein Rechtsmangel i.S.v. § 435 BGB im Rahmen des § 377 HGB ausreichend ist. Die h.M. bejaht diese Frage, da der Gesetzgeber Sach- und Rechtsmängel im BGB gleichgestellt hat und im HGB keine abweichende Differenzierung vorgenommen wurde. Die Gegenansicht hält § 377 HGB auf Rechtsmängel für nicht anwendbar, da diese bei einer Untersuchung nicht erkennbar seien.

4. Wann muss gerügt werden?

4. Offene Mängel, die ohne Untersuchung erkennbar sind, müssen unverzüglich nach der Ablieferung gerügt werden. Offene Mängel, die mit Untersuchung erkennbar sind, müssen unverzüglich nach Ablauf der Frist, die für eine ordnungsgemäße Untersuchung erforderlich ist, gerügt werden; versteckte Mängel – also solche, die auch bei ordnungsgemäßer Untersuchung nicht erkennbar sind – müssen gemäß § 377 Abs. 3 HGB unverzüglich nach Erkennbarkeit gerügt werden.

5. Welcher Kaufpreis ist zu zahlen, wenn wertvollere Ware geliefert wurde und der Käufer seine Rügeobliegenheit verletzt hat?

5. Nach h.M. bleibt der vereinbarte Kaufpreis als Gegenleistung bestehen, es sei denn, die Parteien hätten eine andere Abrede getroffen – Grundsatz „pacta sunt servanda". Nach a.A. muss der Käufer wegen des Sanktionsgedankens den höheren Kaufpreis zahlen.

2. Teil: Gesellschaftsrecht

1. Abschnitt: Einleitung

A. Begriff

Das Gesellschaftsrecht ist das Recht der ==privatrechtlichen Personenvereinigungen==, die zur Erreichung eines bestimmten ==gemeinsamen Zwecks durch Rechtsgeschäft== begründet werden.

Folglich müssen **zwei Voraussetzungen zwingend** verwirklicht sein, damit eine Gesellschaft vorliegt:

- **Begründung durch Rechtsgeschäft**
- **zur Erreichung eines bestimmten gemeinsamen Zwecks**

B. Abgrenzung

Aufgrund dieser beiden zwingenden Voraussetzungen handelt es sich bei folgenden Rechtsinstituten nicht um Gesellschaften:

I. Bruchteilsgemeinschaft gemäß §§ 741 ff. BGB

Das gemeinsame Haben und Halten einer Sache kann wegen der Privatautonomie der Parteien durch ausdrückliche Abrede als Zweck einer Gesellschaft vereinbart werden.

Die Bruchteilsgemeinschaft gemäß §§ 741 ff. BGB kann zwar durch Rechtsgeschäft begründet werden – i.d.R. entsteht sie jedoch kraft Gesetzes, vgl. §§ 947, 948 BGB –, ==sie ist aber lediglich auf das gemeinsame Anschaffen, Halten und Verwalten eines Vermögensgegenstands gerichtet==. Ein darüber hinaus gehender gemeinsamer Zweck wird nicht verfolgt. Im Rahmen einer Bruchteilsgemeinschaft möchte vielmehr ==jeder Einzelne seine eigenen Interessen und Ziele realisieren==. Daher kann auch ==jeder Teilhaber autonom über seinen Anteil verfügen, vgl. § 747 BGB, und jeder Teilhaber kann jederzeit die Aufhebung der Gemeinschaft verlangen==, vgl. § 749 Abs. 1 BGB.

Beispiel: A und B schaffen sich gemeinsam ein Wohnmobil an, um es nach Absprache jeder für sich für Urlaubsreisen mit der eigenen Familie zu nutzen.

II. Familienrechtliche Gemeinschaften

Familienrechtliche Gemeinschaften wie Ehe, gleichgeschlechtliche Lebenspartnerschaft und nichteheliche Lebensgemeinschaft begründen umfassende Lebensgemeinschaften und sind daher nicht auf einen rechtsgeschäftlich festgelegten Zweck begrenzt.

Zudem bestehen bei der Ehe und der gleichgeschlechtlichen Lebenspartnerschaft spezielle gesetzliche Regeln, deren Wertung unterlaufen werden würde, wenn man bei einer Ehe oder Lebenspartnerschaft grundsätzlich daneben vom Bestehen einer Gesellschaft ausginge.

Beispiel: Die Regeln über die Zugewinngemeinschaft gemäß §§ 1363 ff. BGB – grundsätzlich getrennte Vermögensmassen der Ehepartner – würden mit den gesellschaftsrechtlichen Anordnungen über das Gesellschaftsvermögen gemäß § 718 ff. BGB – Gesamthandsvermögen – kollidieren.

Natürlich können die Partner wegen ihrer Privatautonomie Gesellschaftsverträge miteinander abschließen. Aufgrund der bestehenden gesetzlichen Regelungen kann ein **konkludenter Gesellschaftsvertrag** jedoch nur bei **Vorliegen eines Sonderzwecks**, der über die Verwirklichung der ehelichen Gemeinschaft hinausgeht, angenommen werden.

!

Bei der nichtehelichen Lebensgemeinschaft bestehen zwar keine gesetzlichen Regeln, deren Wertung unterlaufen werden könnte, jedoch widerspräche die generelle Annahme einer Gesellschaft bei der Begründung einer nichtehelichen Lebensgemeinschaft dem **Rechtsbindungswillen** der Partner, die sich bewusst gegen die Eingehung einer Ehe entschlossen haben.

Ein solcher Rechtsbindungswille wird i.d.R. bei solchen Zwecken fehlen, die nicht über die Verwirklichung der nichtehelichen Lebensgemeinschaft hinausgeht.

III. Miterbengemeinschaft, §§ 2032 ff. BGB

Bei der Miterbengemeinschaft, vgl. §§ 2032 ff. BGB, entsteht zwar – wie bei einer Gesellschaft – Gesamthandsvermögen, sie beruht aber nicht auf einem freiwilligen vertraglichen Zusammenschluss, sondern kommt aufgrund der letztwilligen Verfügung des Erblassers oder der gesetzlichen Erbfolge gemäß § 1922 BGB automatisch mit dem Tod des Erblassers zustande. Darüber hinaus ist die Miterbengemeinschaft nicht auf die Erreichung eines gemeinsamen Zweckes, sondern auf Auseinandersetzung gerichtet.

IV. Partiarische Rechtsverhältnisse

Partiarische Rechtsverhältnisse – also Austauschverträge, bei denen das Entgelt einer Partei ganz oder teilweise in einer Gewinnbeteiligung besteht –, begründen keine Gesellschaft, da sie nicht auf einen gemeinsam verfolgten und geförderten Zweck gerichtet sind, sondern jede Partei ihre eigenen Interessen verfolgt.

Beispiel: Darlehen mit Gewinnbeteiligung

C. Gesellschaftsarten

Die verschiedenen Gesellschaftsformen lassen sich in zwei große Gruppen einteilen: Personengesellschaften und Körperschaften.

I. Personengesellschaften

Daher auch der Name „Personengesellschaft"

Die Personengesellschaften sind in erster Linie dadurch geprägt, dass die einzelnen Mitglieder, also die Gesellschafter, für die Gesellschaft absolut wesentlich sind.

Die Gründung einer Personengesellschaft bietet sich immer dann an, wenn man in Zusammenarbeit mit zumindest einem anderen einen bestimmten Zweck realisieren möchten, den man alleine möglicherweise nicht oder zumindest nicht so einfach verwirklichen könnte. Ein wesentlicher Aspekt für die Gründung einer Personengesellschaft ist daher die Teamarbeit.

Beispiel: Ein Buchhalter und ein Mechaniker schließen sich zusammen, um gemeinsam eine Kfz-Reparaturwerkstatt zu gründen. Der Buchhalter übernimmt die Organisation und Buchführung, der Mechaniker, die Durchführung der konkreten Reparaturaufträge.

Da die Personengesellschaft in ihrem rechtlichen Bestand von den Gesellschaftern abhängig ist, kann die Mitgliedschaft i.d.R. nicht frei übertragen werden, vgl. § 717 BGB, und ist aufgrund ihrer Höchstpersönlichkeit auch grundsätzlich unvererblich.

Prinzip der Selbstorganschaft: Es muss immer eine Art der Vertretung und Geschäftsführung vorhanden sein, bei der die Gesellschaft nur durch ihre Organe – unabhängig von der Mitwirkung Dritter – tätig werden kann.

Bei Personengesellschaften erfolgt die Vertretung und Geschäftsführung grundsätzlich durch die Gesellschafter selbst und nicht durch Dritte **(Prinzip der Selbstorganschaft)**. Die Willensbildung erfolgt nach dem Einstimmigkeitsprinzip, d.h. soweit es auf die Zustimmung der Gesellschafter ankommt, müssen alle zustimmen.

Die wichtigsten Personengesellschaften sind die Gesellschaft bürgerlichen Rechts (GbR), §§ 705 ff. BGB, die Offene Handelsgesellschaft (OHG), §§ 105 ff. HGB, und die Kommanditgesellschaft (KG), §§ 161 ff. HGB. Ferner gibt es noch die Stille Gesellschaft, §§ 230 ff. HGB, die Partnerschaft, §§ 1 ff. PartGG, und die Reederei, §§ 489 ff. HGB.

II. Körperschaften

Juristische Personen sind zweckgebundene Organisationen, denen die Rechtsordnung eigene Rechtsfähigkeit verliehen hat.

Die Körperschaften sind – mit Ausnahme des nicht rechtsfähigen Vereins – juristische Personen. Ihre Bezeichnung resultiert aus ihrer körperschaftlichen Struktur: sie müssen einen eigenen Namen haben, unter dem sie im Rechtsverkehr auftreten, und sie bedürfen einer Satzung, die ihr organisatorisches Gefüge festlegt. Es gibt mindestens zwei Organe – die Mitgliederversammlung und den Vorstand, der nicht aus Mitgliedern der Körperschaft bestehen muss **(Prinzip der Fremdorganschaft)**. Die Willensbildung erfolgt nach dem Mehrheitsprinzip.

Die Grundform der Körperschaft ist der Verein, §§ 21 ff. BGB. Weitere wichtige Körperschaften sind die Gesellschaft mit beschränkter Haftung (GmbH), §§ 1 ff. GmbHG, und die Aktiengesellschaft (AG), §§ 1 ff. AktG.

Ferner gehören zu den Körperschaften die Kommanditgesellschaft auf Aktien (KGaA), §§ 278 ff. AktG, die eingetragene Genossenschaft (eG), §§ 1 ff. GenG, und der Versicherungsverein auf Gegenseitigkeit (VVaG).

Die GmbH, die AG und die KGaA werden als „Kapitalgesellschaften" bezeichnet, vgl. Überschrift des Zweiten Abschnitts vor §§ 264 ff. HGB

Im Unterschied zu den Personengesellschaften wird der rechtliche Bestand einer Körperschaft durch einen Mitgliederwechsel nicht berührt.

Beispiel: Gemäß § 15 Abs. 1 GmbHG sind die Geschäftsanteile bei einer GmbH frei übertragbar und vererblich.

Ein weiterer Unterschied besteht darin, dass bei einer Personengesellschaft immer mindestens zwei Gesellschafter erforderlich sind, während es z.B. eine Ein-Mann-GmbH gibt, vgl. § 1 GmbHG.

Der Vorteil einer Körperschaft gegenüber einer Personengesellschaft ist darin zu sehen, dass eine persönliche Haftung der Gesellschafter gegenüber den Gläubiger bei einer Körperschaft ausgeschlossen ist.

Beispiel: Gemäß § 13 Abs. 2 GmbHG haftet den Gläubigern nur die GmbH.

III. Numerus clausus der Gesellschaftsformen

Die Zahl der nach deutschem Recht zulässigen Gesellschaftsarten ist abschließend geregelt (sogenannter numerus clausus der Gesellschaftsformen). Soweit die jeweiligen Regelungen dispositiven Charakter haben, ist jedoch eine Typenvermischung zulässig, z.B. GmbH & Co. KG.

!

1. Was sind die zwingenden Voraussetzungen für eine Gesellschaft?

1. Jede Gesellschaft muss durch Rechtsgeschäft begründet werden und auf die Erreichung eines gemeinsamen Zwecks gerichtet sein.

2. Warum ist die Bruchteilsgemeinschaft keine Gesellschaft?

2. Die Bruchteilsgemeinschaft ist keine Gesellschaft, weil sie auch kraft Gesetzes entstehen kann und weil sie keinen gemeinsamen Zweck verfolgt, der über das gemeinsame Haben und Halten einer Sache hinausgeht.

3. Warum ist für einen konkludenten Gesellschaftsvertrag von Eheleuten ein Sonderzweck erforderlich?

3. Bei der Ehe existieren spezielle gesetzliche Regeln, deren Wertung unterlaufen werden würde, wenn man bei einer Ehe grundsätzlich daneben vom Bestehen einer Gesellschaft ausginge. Um diese Kollision zu vermeiden, muss bei konkludenter Abrede ein Zweck verfolgt werden, der über die Verwirklichung der ehelichen Lebensgemeinschaft hinausgeht.

4. Warum ist die Miterbengemeinschaft keine Gesellschaft?

4. Die Miterbengemeinschaft ist keine Gesellschaft, weil sie kraft Gesetzes entsteht und auf Auseinandersetzung gerichtet ist.

5. Was ist ein partiarisches Rechtsverhältnis?

5. Partiarische Rechtsverhältnisse sind Austauschverträge, bei denen das Entgelt einer Partei ganz oder teilweise in einer Gewinnbeteiligung besteht.

6. Wodurch unterscheiden sich Personengesellschaften und Körperschaften?

6. Personengesellschaften sind in ihrem rechtlichen Bestand von ihren Mitglieder abhängig, während die Gesellschafter für die einmal wirksam gegründete Körperschaft unerheblich sind. Bei den Personengesellschaften steht der Aspekt der Teamarbeit im Vordergrund, während es bei einer Körperschaft in erster Linie um den Ausschluss der persönlichen Haftung geht. Die Gründung einer Personengesellschaft muss durch mindestens zwei Personen erfolgen, während z.B. die Gründung einer Ein-Mann-GmbH zulässig ist. Bei den Personengesellschaften gilt das Prinzip der Selbstorganschaft, während bei den Körperschaften Fremdorganschaft zulässig ist.

7. Welche Gesellschaften sind Kapitalgesellschaften?

7. Die GmbH, die AG und die KGaA , vgl. Überschrift des Zweiten Abschnitts vor §§ 264 ff. HGB.

8. Was versteht man unter dem numerus clausus der Gesellschaftsformen?

8. Darunter versteht man, dass die Anzahl der nach deutschem Recht zulässigen Gesellschaftsarten abschließend geregelt ist.

2. Abschnitt: GbR, OHG, KG

Die gesetzlichen Regelungen zur GbR finden sich in den §§ 705 ff. BGB. Die OHG ist in den §§ 105 ff. HGB geregelt. Wenn das OHG-Recht jedoch keine spezielle Anordnungen enthält, gelten daneben die §§ 705 ff. BGB, vgl. § 105 Abs. 3 HGB. Die KG ist in den §§ 161 ff. HGB geregelt; soweit das KG-Recht keine spezielle Regelung enthält, kommen gemäß §§ 161 Abs. 2 HGB die §§ 105 ff. HGB zur Anwendung, sodass – wenn auch diese keine spezielle Anordnung enthalten – gemäß § 105 Abs. 3 HGB die §§ 705 ff. BGB eingreifen.

Beispiele: Die Haftungsprivilegierung des § 708 BGB gilt mangels spezieller Regelung über § 105 Abs. 3 HGB auch für die OHG und gemäß §§ 161 Abs. 2, 105 Abs. 3 HGB auch für die KG.
Die Haftungsregelung für die OHG-Gesellschafter, § 128 HGB, gilt mangels spezieller Regelung gemäß § 161 Abs. 2 HGB auch für die Komplementäre einer KG.

GbR: §§ 705 ff. BGB
OHG: §§ 105 ff. HGB; § 105 Abs. 3 HGB -> §§ 705 ff. BGB
KG: §§ 161 ff. HGB; § 161 Abs. 2 HGB -> §§ 105 ff. HGB; § 105 Abs. 3 HGB -> §§ 705 ff. BGB

A. Entstehung der GbR, OHG, KG

Bei der Entstehung von Personengesellschaften muss streng zwischen der Entstehung im Innen- und im Außenverhältnis unterschieden werden.

I. Entstehung im Innenverhältnis

Im Innenverhältnis entstehen die Personengesellschaften mit dem Abschluss eines Gesellschaftsvertrags.

1. Gesellschaftsvertrag

Der Gesellschaftsvertrag kommt durch eine wirksame Einigung der Gesellschafter über die Vertragsbestandteile zustande.

a) Inhalt der Einigung

Zwingend erforderlich ist eine Einigung der Gesellschafter darüber, dass sie sich zur Förderung eines gemeinsamen Zwecks zusammenschließen. Darüber hinaus können sie sich – fakultativ – über weitere Vertragsbestandteile einigen,

Beispiel: A, B und C wollen gemeinsam einen kleinen Kiosk in Form einer Personengesellschaft betreiben. A, B und C müssen sich zwingend darüber einigen, welchen Zweck sie gemeinsam verfolgen wolle. Sie können ferner z.B. vereinbaren, dass A – abweichend von der gesetzlichen Regelung des § 714 BGB – allein vertretungsberechtigt sein soll.

b) Abgrenzung GbR – OHG – KG

OHG und KG sind auf den Betrieb eines Handelsgewerbes gerichtet, während die GbR auf jeden sonstigen erlaubten Zweck gerichtet sein kann.

Der **gemeinsame Zweck einer GbR** ist nicht gesetzlich festgelegt. Somit kann grundsätzlich **jeder erlaubte Zweck, der nicht für eine andere Rechtsform reserviert ist**, gemeinsamer Zweck i.S.v. § 705 BGB sein. Dabei kann es sich um einen wirtschaftlichen oder ideellen Zweck handeln, die Zweckverfolgung kann auf Dauer angelegt sein oder von vornherein nur vorübergehend geplant sein.

Der gemeinsame Zweck einer **OHG** ist kraft Gesetzes gemäß § 105 Abs. 1 HGB auf den **Betrieb eines Handelsgewerbes** festgelegt. Wird ein Gewerbebetrieb, der nach Art und/oder Umfang keine kaufmännischen Einrichtungen erfordert (Kleingewerbe), von mehreren Personen gemeinsam betrieben, so entsteht zunächst eine GbR. Wird die Gesellschaft jedoch im Handelsregister eingetragen, besteht mit der Eintragung eine OHG, vgl. § 105 Abs. 2 HGB (konstitutive Wirkung der Eintragung). Gleiches gilt gemäß § 105 Abs. 2 HGB für Gesellschaften die nur eigenes Vermögen verwalten.

Die **KG** ist – wie die OHG – auf den **Betrieb eines Handelsgewerbes** gerichtet. Im Unterschied zur OHG, bei der es nur unbeschränkt haftende Gesellschafter gibt, sind in der KG zwei Arten von Gesellschaftern vorhanden: Es gibt sogenannte **Komplementäre** (persönlich haftende Gesellschafter), die wie OHG-Gesellschafter unbeschränkt haften, und **Kommanditisten**, die beschränkt auf ihre im Handelsregister eingetragene Haftsumme haften. Zur wirksamen Gründung einer KG muss es mindestens einen Komplementär und einen Kommanditisten geben.

2. Mängel des Gesellschaftsvertrag

Der Abschluss des Gesellschaftsvertrags unterliegt den allgemeinen Regeln der Rechtsgeschäftslehre gemäß §§ 104 ff. BGB. Infolgedessen kann die Einigung der Gesellschafter unwirksam oder nichtig sein, sodass bereits erbrachte Leistungen gemäß §§ 812 ff. BGB rückabgewickelt werden müssten.

Da sowohl die Gesellschafter als auch Dritte auf die Existenz der Gesellschaft vertraut haben, erscheint eine Rückabwicklung nach Bereicherungsrecht nicht immer interessengerecht. Außerdem würde eine Rückabwicklung nach den §§ 812 ff. BGB die speziellen Regelungen des Gesellschaftsrechts über die die Auflösung und die Auseinandersetzung des Gesellschaftsvermögens, vgl. §§ 723 ff. BGB, §§ 133 ff. HGB unterlaufen.

Nach ganz h.M. wird daher bei Mängeln des Gesellschaftsvertrags die von der Rspr. entwickelte **Lehre von der fehlerhaften Gesellschaft** angewendet, nach der eine Personengesellschaft auf fehlerhafter Vertragsgrundlage unter bestimmten Voraussetzungen wie eine wirksame Gesellschaft behandelt wird. **!**

Lehre von der fehlerhaften Gesellschaft
I. Voraussetzungen:
■ fehlerhafter Gesellschaftsvertrag
■ in Vollzug gesetzt
■ keine entgegenstehenden Interessen
▪ der Allgemeinheit
▪ des Einzelnen
II. Rechtsfolge: fehlerhafte Gesellschaft wird im Innen- und Außenverhältnis wie eine wirksame Gesellschaft behandelt

a) Voraussetzungen der fehlerhaften Gesellschaft

aa) Zunächst muss ein **fehlerhafter Gesellschaftsvertrag** vorliegen. D.h. die Vertragsparteien wollten einen wirksamen Gesellschaftsvertrag abschließen und die erfolgte Einigung ist aus Rechtsgründen unwirksam (z.B. §§ 105, 125, 134, 138, 142 BGB).

Hinweis: Ein Scheingeschäft i.S.v. § 117 BGB ist nicht ausreichend, da die Beteiligten in diesem Fall ihre Rechtsbeziehung von vornherein nicht dem Gesellschaftsrecht unterstellen wollten.

bb) Ferner muss der Gesellschaftsvertrag **in Vollzug gesetzt** worden sein.

Hat die Gesellschaft ihre Geschäfte nach außen aufgenommen, so liegt auf jeden Fall ein Vollzug des fehlerhaften Gesellschaftsvertrags vor. Nach h.M. ist ein Vollzug auch dann anzunehmen, wenn zwar noch keine Tätigkeit nach außen entfaltet wurde, aber bereits im Innenverhältnis Gesellschaftsvermögen gebildet worden ist, da in diesem Fall zumindest die Gesellschafter auf die Existenz der Gesellschaft vertraut haben.

Hinweis: Liegt weder eine Geschäftsaufnahme nach außen noch die Bildung von Gesellschaftsvermögen vor, haben weder die Gesellschafter noch Dritte auf die Existenz der Gesellschaft vertraut, sodass die Rückabwicklung nach §§ 812 ff. BGB erfolgen kann.

Grundsätze der fehlerhaften Gesellschaft gelten bei:
- fehlerhaftem Abschluss
- fehlerhafter Vertragsänderung
- fehlerhaftem Ein- und Austritt
- fehlerhafter Abtretung

Diese Voraussetzung stellt sicher, dass durch die Lehre von der fehlerhaften Gesellschaft, keine tragenden Grundsätze der Rechtsordnung unterlaufen werden.

cc) Schließlich dürfen der Fiktion einer Gesellschaft **keine Interessen der Allgemeinheit oder des Einzelnen entgegenstehen**.

(1) Die Interessen der Allgemeinheit stehen bei Verträgen entgegen, die wegen Verstoßes gegen ein **gesetzliches Verbot, § 134 BGB**, oder wegen **Sittenwidrigkeit, § 138 BGB**, nichtig sind. Denn die Lehre von der fehlerhaften Gesellschaft darf nicht dazu führen, dass die Grenzen der Privatautonomie verschoben werden.

Beispiel: A, B und C betreiben einen gewerbsmäßigen Waffenhandel.

A, B und C haben sich darüber geeinigt, einen gemeinsamen Zweck – Waffenhandel – zu verfolgen. Die Abrede ist jedoch gemäß § 134 BGB und § 138 BGB nichtig. Obwohl A, B und C ihre Geschäfte begonnen haben, den fehlerhaften Gesellschaftsvertrag also in Vollzug gesetzt haben, kann wegen der entgegenstehenden Interessen der Allgemeinheit keine wirksame Gesellschaft über die Lehre von der fehlerhaften Gesellschaft fingiert werden.

(2) Ferner darf die Lehre von der fehlerhaften Gesellschaft den Minderjährigenschutz nicht unterlaufen, der auch im Gesellschaftsrecht absoluten Vorrang hat. Entgegenstehende Interessen des Einzelnen können sich daher aus dem **Minderjährigenschutz** ergeben.

Dass der Minderjährige auch im Gesellschaftsrecht geschützt werden muss, ist unstreitig. **Umstritten ist jedoch, wie sich der Vorrang des Minderjährigenschutzes bei fehlerhaften Gesellschaften konkret auswirkt:**

- **Nach h.M.** wird der Minderjährige **kein Gesellschafter** der fehlerhaften Gesellschaft.

- **Nach a.A.** wird der Minderjährige zwar Gesellschafter der fehlerhaften Gesellschaft, es treffen ihn aber **keine Nachteile**, d.h. dass er u.a. nicht für Verbindlichkeiten der Gesellschaft haftet.

! *Klausurhinweis: Der Meinungsstreit darf in einer Klausur nicht vorschnell entschieden werden. Geht es um die Haftung des Minderjährigen für die Verbindlichkeiten der Gesellschaft, kommen beide Auffassungen zu demselben Ergebnis, dass der Minderjährige nicht haftet. Eine Entscheidung des Streits ist nicht notwendig und ist daher in einer Klausur falsch. Wird demgegenüber nach Gewinnansprüchen des Minderjährigen gefragt oder ist neben dem Minderjährigen nur noch eine weitere Person als Gesellschafter vorhanden, muss der Streit entschieden werden.*

b) Rechtsfolge der fehlerhaften Gesellschaft

Sind die Voraussetzungen erfüllt, so wird die fehlerhafte Gesellschaft **wie eine wirksame Gesellschaft behandelt**.

D.h. im Innenverhältnis gilt der nichtige Vertrag und die Gesellschaft kann nur nach gesellschaftsrechtlichen Regeln durch Kündigung, § 723 BGB, oder Auflösungsklage, § 133 HGB, für die Zukunft aufgelöst werden. Im Außenverhältnis richtet sich die Vertretung und Haftung nach den jeweiligen gesellschaftsrechtlichen Regeln.

> Nach h.M. ist der jeweilige Nichtigkeitsgrund immer ein wichtiger Grund, der zur Kündigung oder Auflösungsklage berechtigt.

Beispiel: A und B gründen eine OHG. A kauft namens der OHG bei X Ware zum Prei von 2.000 €. Später hat B den Gesellschaftsvertrags wirksam gemäß § 119 Abs. 1 BGB angefochten. Muss die OHG den Kaufpreis an X zahlen.

Anspruch X gegen die OHG **aus § 433 Abs. 2 BGB i.V.m. § 124 HGB**? Dies setzt zunächst das Bestehen einer OHG voraus.
A und B haben sich zwar i.S.d. § 105 HGB geeinigt, aber die Einigung ist wegen der erfolgreichen Anfechtung des B gemäß § 142 Abs. 1 BGB nichtig.
In Betracht kommt die Fiktion einer wirksamen OHG über die Lehre von der fehlerhaften Gesellschaft. Der fehlerhafte Gesellschaftsvertrag wurde durch Geschäftsaufnahme nach außen in Vollzug gesetzt und es stehen weder Interessen der Allgemeinheit noch des Einzelnen entgegen, sodass eine wirksame OHG fingiert werden kann.
A hat eine eigene Willenserklärung im Namen der OHG abgegeben und gemäß §§ 125 Abs. 1, 126 Abs. 1 HGB innerhalb seiner Vertretungsmacht gehandelt, sodass ein wirksamer Kaufvertrag abgeschlossen worden ist. X kann daher von der OHG Kaufpreiszahlung verlangen.

II. Entstehungszeitpunkt im Außenverhältnis

Geht es um Rechtsbeziehungen einer Personengesellschaft im Außenverhältnis – also z.B. Ansprüche gegen einen Dritten –, so muss ferner geklärt werden, ob die Gesellschaft auch nach außen wirksam entstanden ist.

1. GbR

Grundsätzlich entsteht die GbR auch im Außenverhältnis **mit dem Abschluss des Gesellschaftsvertrags**.

- Wenn die GbR als solche im Rechtsverkehr auftritt, ist mit dem Auftreten nach außen eine Außen-GbR gegeben.

- Tritt die GbR nicht als Gesellschaft im Rechtsverkehr auf, liegt eine sogenannte Innengesellschaft vor.

  Beispiel: A betreibt zusammen mit B einen kleinen Kiosk. B tritt nach außen nicht in Erscheinung und A tätigt die Ein- und Verkäufe immer im eigenen Namen.

A und B haben im Innenverhältnis eine wirksame GbR gegründet, die jedoch nicht nach außen in Erscheinung getreten ist. Bei dieser BGB-Innengesellschaft kommt nur im Verhältnis zwischen A und B, aber nicht gegenüber Dritten Gesellschaftsrecht zur Anwendung.

2. OHG, KG

OHG und KG werden gemäß § 123 Abs. 1 HGB (i.V.m. § 161 Abs. 2 HGB) grundsätzlich **mit ihrer Eintragung im Handelsregister** nach außen wirksam.

Vor Eintragung muss ein Handelsgewerbe i.S.v. § 1 Abs. 2 HGB gegeben sein, da eine OHG immer den Betrieb eines Handelsgewerbes erfordert und alle anderen Handelsgewerbe gemäß §§ 2 ff. HGB erst mit der Eintragung im Handelsregister entstehen (konstitutive Wirkung der Eintragung).

Bei Geschäftsaufnahme vor Eintragung ist gemäß § 123 Abs. 2 HGB (i.V.m. § 161 Abs. 2 HGB) bereits **ab Geschäftsbeginn** eine OHG bzw. KG existent, wenn ein Handelsgewerbe i.S.v. § 1 Abs. 2 HGB betrieben wird und alle Gesellschafter dem Geschäftsbeginn zustimmen.

III. Identität der Personengesellschaften

Der Übergang von der einen in die andere Personengesellschaftsform berührt die Identität der Gesellschaft nicht, sodass keinerlei Übertragungsakte bzgl. des Gesellschaftsvermögens erforderlich sind (Grundsatz der Identität der Personengesellschaften).

Beispiel: A und B betreiben einen kleinen Kiosk in Form einer GbR. Der Betrieb floriert mit der Zeit und A und B eröffnen drei weitere Kioske und beschäftigen mehrere Mitarbeiter. Der Geschäftsbetrieb von A und B erfordert nunmehr kaufmännische Einrichtungen, sodass die GbR automatisch zur OHG geworden ist. Dasselbe gilt in umgekehrter Richtung: der Betrieb von A und B sinkt wieder zum Kleingewerbe herab. Wenn keine Eintragung der OHG im Handelsregister vorliegt, wird aus der OHG wieder automatisch eine GbR.

IV. Rechtsfähigkeit der GbR, OHG, KG

Fraglich ist, ob und inwieweit die Personengesellschaften selber Träger von Rechten und Pflichten sein können.

1. OHG, KG

Für OHG und KG ist die Frage der Rechtsfähigkeit gesetzlich geklärt: Gemäß **§ 124 Abs. 1 HGB** (i.V.m. § 161 Abs. 2 HGB) kann sowohl die OHG als auch die KG Rechte erwerben, Verbindlichkeiten eingehen und vor Gericht klagen und verklagt werden.

Durch diese Anordnung werden OHG und KG zwar nicht zu juristischen Personen, sie sind aber dadurch rechtlich weitgehend verselbstständigt und deshalb als „Übergangsform zur juristischen Person" weithin den gleichen Regeln unterworfen.

2. GbR

In den §§ 705 ff. BGB findet sich keine dem § 124 Abs. 1 HGB entsprechende Regelung, die die Rechtsfähigkeit der GbR anordnet. Mangels gesetzlicher Klärung des Problems, ist die **Rechtsfähigkeit der GbR umstritten:**

a) Individualistische Theorie

Nach traditioneller Auffassung, sogenannte **individualistische Theorie** (früher ganz h.M. **heute absolute M.m.**), ist die GbR als solche **nicht rechtsfähig**.

Danach ist die GbR lediglich ein auf vertraglicher Grundlage beruhendes Schuldverhältnis der Gesellschafter. Träger von Rechten und Pflichten sind die Gesellschafter selbst, allerdings in ihrer Zusammenfassung zur sogenannten Gesamthandsgemeinschaft, vgl. §§ 718, 719 BGB. Den Gläubigern haftet demnach nicht die Gesellschaft, sondern nur die Gesellschafter, die mit ihrem Privatvermögen und ihrem Anteil am Gesellschaftsvermögen haften.

Das Hauptargument der individualistischen Theorie ist die fehlende gesetzliche Anordnung der Rechtsfähigkeit der GbR. Der Gesetzgeber habe die Rechtsfähigkeit bei allen anderen Personengesellschaften positiv angeordnet, daher könne die fehlende Regelung bei der GbR nur bedeuten, dass der GbR keine Rechtsfähigkeit zukommen soll.

Weitere Argumente:
- § 736 ZPO verlangt für Vollstreckung ins GbR-Vermögen Titel gegen Gesellschafter
- Wortlaut der §§ 705 ff. BGB vermeidet Formulierungen, die auf Rechtsfähigkeit hindeuten

b) H.M.: kollektivistische Theorie, Gruppenlehre

Nach heute ganz h.M. und Rspr., sogenannte **kollektivistische Theorie** oder **Gruppenlehre**, ist die GbR **rechtsfähig**, sodass sie als solche berechtigt und verpflichtet wird.

Dies ergebe sich bereits aus dem Grundsatz der Identität der Personengesellschaften: Wenn die verschiedenen Personengesellschaftsformen ineinander übergehen können, setze dies eine identische Struktur dieser Gesellschaften voraus. Da alle anderen Personengesellschaften Rechtsfähigkeit besäßen, müsse dies auch für die GbR gelten. Ferner werde durch das Gesamthandsprinzip die Gesellschaft i.S.d. Gesellschafter in ihrer Verbundenheit als handlungsfähige Gruppe im Rechtsverkehr anerkannt. Zudem habe der Gesetzgeber neue Regeln geschaffen, die von einer Rechtsfähigkeit der GbR ausgehen, z.B. §§ 191 Abs. 2 Nr. 1, 202 Abs. 1 Nr. 1 UmwG, §§ 14, 899 a, 1059 a BGB, § 47 Abs. 2 GBO, § 11 Abs. 2 Nr. 1 InsO.

Schließlich weist die h.M. praktische Vorteile auf: der Gläubiger kann die GbR als solche verklagen, ohne die mangels Registereintragung oftmals schwierige Frage klären zu müssen, wer im Einzelnen Gesellschafter der GbR ist. Demgegenüber muss der Gläubiger nach der individualistischen Theorie einen Titel gegen alle Gesellschafter erlangen, um ins Vermögen der GbR im Wege der Zwangsvollstreckung Zugriff nehmen zu können. Dazu muss der Gläubiger überhaupt Kenntnis von sämtlichen Gesellschaftern dieser GbR haben.

! *Klausurhinweis: Trotz eindeutiger Entscheidung des BGH zugunsten der Gruppenlehre ist die Frage der Rechtsfähigkeit auch heute noch umstritten und muss daher in Klausuren zumindest kurz diskutiert werden.*

Beispiel: A und B betreiben einen kleinen Kiosk in Form einer GbR. Ihr Lieferant L hat ihnen auf Bestellung von A und B Ware zum Preis von 2.000 € geliefert. Anspruch L gegen die GbR aus § 433 Abs. 2 BGB?

Anspruch L gegen die GbR aus § 433 Abs. 2 BGB?

I. Eine GbR besteht.

II. Ferner muss eine wirksame Verbindlichkeit der GbR gegenüber L aus § 433 Abs. 2 BGB bestehen.

1. Dies setzt voraus, dass die GbR überhaupt rechtsfähig ist. Nach der heute ganz h.M. ist die GbR rechtsfähig, da der Grundsatz der Identität der Personengesellschaften eine identische Struktur dieser Gesellschaften erfordere. Nach a.A. ist die GbR nicht haftungsfähig, da eine gesetzliche Regelung über die Rechtsfähigkeit der GbR in den §§ 705 ff. BGB fehle, während dies bei allen anderen Personengesellschaften vom Gesetzgeber positiv· angeordnet sei. Für die Rechtsfähigkeit der GbR spricht neben neueren gesetzlichen Regelungen wie z.B. § 899 a BGB insbesondere der Grundsatz der Identität der Personengesellschaften, nach dem die verschiedenen Personengesellschaften ineinander übergehen können. Dies verlangt eine identische Struktur dieser Gesellschaften, sodass auch der GbR Rechtsfähigkeit zuerkannt werden muss, da dies für OHG, KG, etc. gesetzlich festgelegt ist.

2. A und B haben die GbR gemäß § 164 Abs. 1 S. 1 BGB wirksam gegenüber L vertreten, sodass ein wirksamer Kaufvertrag zwischen L und der GbR vorliegt und L ein Anspruch gegen die GbR auf Kaufpreiszahlung zusteht.

1. Wodurch unterscheiden sich GbR, OHG und KG?

1. OHG und KG sind auf den Betrieb eines Handelsgewerbes gerichtet, während die GbR auf jeden sonstigen erlaubten Zweck gerichtet sein kann. Im Unterschied zur OHG, bei der es nur unbeschränkt haftende Gesellschafter gibt, sind in der KG zwei Arten von Gesellschaftern vorhanden: Es gibt sogenannte Komplementäre (persönlich haftende Gesellschafter), die wie OHG-Gesellschafter unbeschränkt haften, und Kommanditisten, die beschränkt auf ihre im Handelsregister eingetragene Haftsumme haften.

2. Was versteht man unter der Lehre von der fehlerhaften Gesellschaft?

2. Nach der Lehre von der fehlerhaften Gesellschaft wird eine Personengesellschaft auf fehlerhafter Vertragsgrundlage unter bestimmten Voraussetzungen wie eine wirksame Gesellschaft behandelt.

3. Was sind die Voraussetzungen der Lehre von der Fehlerhaften Gesellschaft?

3. Erforderlich ist ein fehlerhafter Gesellschaftsvertrag, der in Vollzug gesetzt wurde und es dürfen weder Interessen der Allgemeinheit noch des Einzelnen entgegenstehen.

4. Wie wird der Minderjährigenschutz im Rahmen der fehlerhaften Gesellschaft bewirkt?

4. Nach h.M. wird der Minderjährige kein Gesellschafter der fehlerhaften Gesellschaft. Nach a.A. wird der Minderjährige zwar Gesellschafter der fehlerhaften Gesellschaft, es treffen ihn aber keine Nachteile, d.h. dass er u.a. nicht für Verbindlichkeiten der Gesellschaft haftet.

5. Wann entsteht eine OHG im Außenverhältnis?

5. Gemäß § 123 Abs. 1 HGB entsteht die OHG nach außen grundsätzlich mit ihrer Eintragung im Handelsregister. Bei Geschäftsaufnahme vor Eintragung ist gemäß § 123 Abs. 2 HGB bereits ab Geschäftsbeginn eine OHG KG existent, wenn ein Handelsgewerbe i.S.v. § 1 Abs. 2 HGB betrieben wird und alle Gesellschafter dem Geschäftsbeginn zustimmen.

6. Ist die GbR rechtsfähig?

6. Nach h.M. ist die GbR rechtsfähig, da der Grundsatz der Identität der Personengesellschaften eine identische Struktur dieser Gesellschaften erfordere. Zudem gehe der Gesetzgeber in neueren Regelungen von der Rechtsfähigkeit aus, vgl. § 899 a BGB. Nach a.A. ist die GbR nicht haftungsfähig, da eine gesetzliche Regelung über die Rechtsfähigkeit der GbR in den §§ 705 ff. BGB fehle, während dies bei allen anderen Personengesellschaften vom Gesetzgeber positiv angeordnet sei.

B. Außenverhältnis der Personengesellschaften

Das Außenverhältnis der Personengesellschaften, d.h. ihr Verhältnis zu Dritten, betrifft insbesondere Vertretungs- und Haftungsfragen.

I. Außenverhältnis der GbR

1. Vertretung bei der GbR

Schließt ein GbR-Gesellschafter namens der GbR einen Vertrag ab, so stellt sich wegen des Meinungsstreits über die Rechtsfähigkeit zunächst die Frage, **wer überhaupt vertreten wird**, d.h. in wessen Namen gehandelt wird:

Der Meinungsstreit über die Rechtsfähigkeit der GbR hat vielfältige Auswirkungen.

- Nach der **individualistischen Theorie** muss mangels Rechtsfähigkeit der GbR das Auftreten namens der GbR als Handeln im Namen der Gesellschafter ausgelegt werden

- Demgegenüber wird **nach h.M.** die Willenserklärung im Namen der GbR abgegeben.

  Ob daneben auch noch im Namen der Gesellschafter gehandelt wird, ist innerhalb der h.M. umstritten (vgl. dazu unten Haftung der GbR-Gesellschafter).

Gemäß **§ 714 BGB i.V.m. § 709 BGB** steht die **Vertretungsmacht** den Gesellschaftern gemeinschaftlich zu, sodass für jedes Geschäft grundsätzlich die Zustimmung jedes Gesellschafters vorliegen muss – **Gesamtvertretung**.

Diese Regelung ist jedoch disponibel, sodass die Gesellschafter davon abweichende Vereinbarungen – ausdrücklich oder konkludent – treffen können.

Beispiel: A und B betreiben einen kleinen Kiosk in Form einer GbR. Über die Vertretung haben sie keinerlei Absprachen getroffen. Es ist jedoch üblich, dass jeder der beiden auch in Abwesenheit des anderen Geschäfte mit Kunden oder Lieferanten abschließt.

Es ist davon auszugehen, dass A und B sich konkludent darüber geeinigt haben, dass jeder von ihnen Einzelvertretungsbefugnis für die alltäglichen Geschäfte hat. Anderenfalls könnte der Betrieb nicht aufrecht erhalten werden, falls einer der beiden nicht vor Ort ist.

Die Gesellschafter können auch Dritte gemäß §§ 167 ff. BGB bevollmächtigen, die Gesellschaft zu vertreten. Nicht zulässig ist der Ausschluss aller Gesellschafter von der Vertretungsmacht. Dies verstößt gegen das bei den Personengesellschaften geltende **Prinzip**

der Selbstorganschaft. Danach muss es immer eine Art der Vertretung geben, bei der die Gesellschaft nur durch ihre Organe – unabhängig von der Mitwirkung Dritter – vertreten werden kann.

Eine Regelung über den **Umfang der Vertretungsmacht** der Gesellschafter gibt es in den §§ 705 ff. BGB nicht. Infolgedessen ergibt sich der Umfang je nach Einzelfall aus dem Zweck der jeweiligen Gesellschaft. **Ausgenommen** sind Geschäfte, die den Gesellschaftsvertrag selbst betreffen, sogenannte **Grundlagengeschäfte**; diese bedürfen der Zustimmung aller Gesellschafter.

Grundlagengeschäft: Aufnahme neuer Gesellschafter, Erhöhung der Einlage

2. Haftung in der GbR

Bei der Frage der Haftung in der GbR muss zwischen der Haftung der Gesellschaft und der Haftung der Gesellschafter differenziert werden.

a) Haftung der GbR

Ob die GbR selber haftet, hängt davon ab, ob man der GbR Rechtsfähigkeit zuerkennt oder nicht:

- Nach der **individualistischen Theorie** haftet die GbR als solche mangels Rechtsfähigkeit nicht, sondern die Gläubiger können nur die Gesellschafter in Anspruch nehmen.

- Nach **h.M.** haftet die rechtsfähige GbR gegenüber den Gläubigern mit ihrem Gesellschaftsvermögen.

  Auch wenn man die Rechtsfähigkeit der GbR bejaht, bleibt sie doch handlungsunfähig. Daher stellt sich die Frage, ob und über welche Regelung der GbR das Verhalten von Personen, die für sie tätig geworden sind, **zurechnen** kann.

  - Verhalten von **Gesellschaftern** rechnet die h.M. der GbR **analog § 31 BGB** zu. Die GbR sei zwar kein Verein, aber wegen der Rechtsfähigkeit der GbR bestehe eine Vergleichbarkeit mit dem Verein.

    Nach a.A. wird im vertraglichen Bereich das Verhalten der Gesellschafter über § 278 BGB zugerechnet.

  - Verhalten anderer **Hilfspersonen** wird im vertraglichen Bereich über **§ 278 BGB** zugerechnet und im deliktischen Bereich kann sich eine Haftung der GbR aus **§ 831 BGB** ergeben.

Beispiel: A und B betreiben einen kleinen Kiosk in Form einer GbR. Auf einer Fahrt zum Großmarkt, fährt A den Passanten P an. P verlangt Schadensersatz von der GbR aus § 823 Abs. 1 BGB. Zu Recht?

Anspruch P gegen GbR aus § 823 Abs. 1 BGB?

I. Eine GbR besteht

II. Verbindlichkeit der GbR aus § 823 Abs. 1 BGB?

1. Die Rechtsfähigkeit der GbR ist mit der h.M. wegen der Identität der Personengesellschaften zu bejahen.

2. Verbindlichkeit aus § 823 Abs. 1 BGB? P ist verletzt. Das für die Verletzung des P ursächliche Anfahren durch den A wird der GbR analog § 31 BGB zugerechnet. Die Rechtswidrigkeit ist indiziert und das Verschulden des A wird der GbR ebenfalls über § 31 BGB analog zugerechnet, sodass eine Verbindlichkeit der GbR aus § 823 Abs. 1 BGB besteht.

Daher besteht ein Anspruch des P gegen die GbR aus § 823 Abs. 1 BGB

b) Haftung der GbR-Gesellschafter

Auch bzgl. der Haftung der Gesellschafter wirkt sich der Meinungsstreit über die Rechtsfähigkeit der GbR erheblich aus:

> Etwaige Pflichtverletzungen der Gesellschafter können den anderen Gesellschaftern im vertraglichen Bereich evtl. aus dem Schuldverhältnis gemäß § 425 Abs. 1 BGB zugerechnet werden, während eine Zurechnung im deliktischen Bereich ausscheidet.

- Nach der **individualistischen Theorie** haften die Gesellschafter gegenüber den Gläubigern mit ihrem Privatvermögen als Gesamtschuldner und mit dem Gesellschaftsvermögen, dessen Träger sie mangels Rechtsfähigkeit der GbR sind, als Gesamthandsschuldner.

- **Innerhalb der h.M. ist umstritten, wie die Haftung der Gesellschafter begründet wird:**

  - Nach der sogenannten **Doppelverpflichtungstheorie**, die heute nur noch selten vertreten wird, werden vertraglich sowohl die GbR als auch die Gesellschafter verpflichtet: der handelnde Gesellschafter gibt bei Abschluss des Vertrages einerseits die Willenserklärung im Namen der GbR, andererseits handelt er aber auch im Namen seiner Mitgesellschafter und gibt die Erklärung zugleich für sich selber ab. Diese „dreigespaltene" Willenserklärung muss, da niemand in der Realität wirklich so auftritt, durch Auslegung ermittelt werden.

  - Nach der **Akzessorietätstheorie**, h.M., haften die Gesellschafter für die Verbindlichkeiten der GbR akzessorisch analog § 128 HGB. Mangels gesetzlicher Regelung der Gesellschafterhaftung in den §§ 705 ff. BGB und aufgrund der Vergleichbarkeit von OHG und GBR könne die Regelung für die OHG-Gesellschafter analog angewandt werden.

! *Klausurhinweis: Sollte man in einer Klausur bereits bei der Frage nach den Ansprüchen gegen die GbR die individualistische Theorie abgelehnt haben, ist sie bei der Frage nach Ansprüchen gegen die Gesellschafter natürlich nicht mehr zu erörtern! Manche Prüfer beschränken* *die Aufgabenstellung jedoch auf die Haftung der Gesellschafter. Dann hatte man noch keine Gelegenheit, auf die individualistische Theorie einzugehen und muss sie daher an dieser Stelle neben den anderen beiden Auffassungen erörtern.*

Beispiel: A und B betreiben einen kleinen Kiosk in Form einer GbR. Ihr Lieferant L hat ihnen auf Bestellung von A und B Ware zum Preis von 2.000 € geliefert. Anspruch L gegen die Gesellschafter A und B aus § 433 Abs. 2 BGB?

Mangels gesetzlicher Regelung ist umstritten, wie die Haftung der Gesellschafter einer GbR begründet wird:

I. Nach der **individualistischen Theorie** haften A und B gegenüber L aus § 433 Abs. 2 BGB, da sie mangels Rechtsfähigkeit der GbR selber Vertragspartner des L geworden sind. Sie haften als Gesamtschuldner mit ihrem Privatvermögen und als Gesamthandsschuldner mit ihrem Anteil am Gesellschaftsvermögen.

II. Nach der **Doppelverpflichtungstheorie** haben sich A und B – neben der GbR – auch selber gegenüber L rechtsgeschäftlich verpflichtet und haften daher mit ihrem Privatvermögen als Gesamtschuldner aus § 433 Abs. 2 BGB.

III. Nach der **Akzessorietätstheorie** haften A und B gegenüber L aus § 433 Abs. 2 BGB i.V.m. § 128 HGB analog: Eine GbR besteht, eine Verbindlichkeit der GbR gegenüber L besteht aus § 433 Abs. 2 BGB und A und B waren zur Zeit der Begründung der Verbindlichkeit Gesellschafter der GbR. Sie haften gesamtschuldnerisch mit ihrem Privatvermögen.

Da A und B nach allen Ansichten gegenüber L auf Kaufpreiszahlung haften, erübrigt sich eine Entscheidung des Meinungsstreits.

Klausurhinweis: *Eine Entscheidung des Meinungsstreits zwischen der Doppelverpflichtungs- und Akzessorietätstheorie ist nur in wenigen Fällen erforderlich, da die beiden Ansichten i.d.R. zum selben Ergebnis gelangen. Unterschiede ergeben sich z.B. bei der Haftung des eingetretenen Gesellschafters für Altverbindlichkeiten, vgl. dazu die Ausführungen ab S. 108.*

1. Wer wird bei der GbR vertreten?

1. Nach der individualistischen Theorie werden nur die Gesellschafter vertreten. Nach der Doppelverpflichtungstheorie werden sowohl die GbR als auch deren Gesellschafter vertreten. Nach der Akzessorietätstheorie wird nur die GbR vertreten.

2. Wer ist bei der GbR vertretungsberechtigt?

2. Gemäß § 714 BGB i.V.m. § 709 BGB steht die Vertretungsmacht den Gesellschaftern gemeinschaftlich zu, sodass für jedes Geschäft grundsätzlich die Zustimmung jedes Gesellschafters vorliegen muss – Gesamtvertretung. Diese Regelung ist jedoch disponibel, sodass die Gesellschafter davon abweichende Vereinbarungen – ausdrücklich oder konkludent – treffen können.

3. Wie weit reicht der Umfang der Vertretungsmacht eines GbR-Gesellschafters?

3. Eine Regelung über den Umfang der Vertretungsmacht der Gesellschafter gibt es in den §§ 705 ff. BGB nicht. Infolgedessen ergibt sich der Umfang je nach Einzelfall aus dem Zweck der jeweiligen Gesellschaft. Ausgenommen sind Geschäfte, die den Gesellschaftsvertrag selbst betreffen, sogenannte Grundlagengeschäfte; diese bedürfen der Zustimmung aller Gesellschafter.

4. Wie wird der GbR nach der Gruppenlehre fremdes Verhalten zugerechnet?

4. Verhalten von Gesellschaftern rechnet die h.M. der GbR analog § 31 BGB zu. Die GbR sei zwar kein Verein, aber wegen der Rechtsfähigkeit der GbR bestehe eine Vergleichbarkeit mit dem Verein. Verhalten anderer Hilfspersonen wird im vertraglichen Bereich über § 278 BGB zugerechnet und im deliktischen Bereich kann sich eine Haftung der GbR aus § 831 BGB ergeben.

5. Wie wird innerhalb der Gruppenlehre die Haftung der Gesellschafter begründet?

5. Nach der Doppelverpflichtungstheorie werden vertraglich sowohl die GbR als auch die Gesellschafter verpflichtet: der handelnde Gesellschafter gibt bei Abschluss des Vertrages einerseits die Willenserklärung im Namen der GbR, andererseits handelt er aber auch im Namen seiner Mitgesellschafter und gibt die Erklärung zugleich für sich selber ab. Nach der Akzessorietätstheorie, h.M., haften die Gesellschafter für die Verbindlichkeiten der GbR akzessorisch analog § 128 HGB.

II. Außenverhältnis der OHG

1. Vertretung der OHG

Wird für eine OHG ein Vertrag abgeschlossen, so gibt der Handelnde die Willenserklärung nur im Namen der OHG und nicht gleichzeitig im Namen der Gesellschafter ab. D.h. die Stellvertretung gemäß § 164 Abs. 1 S. 1 BGB erfolgt nur für die OHG.

Gemäß § 125 Abs. 1 HGB steht grundsätzlich jedem Gesellschafter eine Einzelvertretungsbefugnis zu. Im Gesellschaftsvertrag kann jedoch davon abweichend vereinbart werden, dass nur bestimmte Gesellschafter einzelvertretungsbefugt sein sollen oder dass mehrere Gesellschafter nur gemeinsam vertretungsbefugt sind **(echte Gesamtvertretung, § 125 Abs. 2 HGB)** oder dass ein Gesellschafter nur zusammen mit einem Prokuristen zur Vertretung berechtigt ist **(unechte Gesamtvertretung, § 125 Abs. 3 HGB)**.

> Vertretungsbefugnis der Gesellschafter ist gemäß §§ 106 Abs. 2 Nr. 4, 107 HGB eintragungspflichtig

Ferner können Dritte oder von der organschaftlichen Vertretung durch den Gesellschaftsvertrag ausgeschlossene Gesellschafter gemäß §§ 167 ff. BGB bevollmächtigt werden. Dies kann auch in Form einer Prokura gemäß §§ 48 ff. HGB oder Handlungsvollmacht gemäß § 54 HGB geschehen. Es muss jedoch immer eine Art der Vertretung vorhanden sein, bei der die Gesellschaft nur durch ihre Organe – unabhängig von der Mitwirkung Dritter – vertreten werden kann **(Prinzip der Selbstorganschaft)**.

Beispiel: A und B betreiben einen Getränkehandel in Form einer OHG. Im Gesellschaftsvertrag haben sie vereinbart, dass A die OHG zusammen mit dem Prokuristen P vertreten kann.

Zwar ist die Vereinbarung, dass A zusammen mit dem Prokuristen P vertretungsberechtigt ist, gemäß § 125 Abs. 3 HGB zulässig; jedoch scheidet die unechte Gesamtvertretung als einzige Vertretungsmöglichkeit einer OHG wegen der Verletzung des Grundsatzes der Selbstorganschaft aus: Die OHG wäre in einem solchen Fall immer auf die Mitwirkung des P angewiesen. Sie könnte ihn ohne seine Zustimmung noch nicht einmal entlassen.

!

§ 126 Abs. 1 HGB regelt den **Umfang der Vertretungsmacht** der Gesellschafter. Erfasst sind danach alle gerichtlichen und außergerichtlichen Handlungen einschließlich der Veräußerung und Belastung von Grundstücken sowie der Erteilung und dem Widerruf einer Prokura. Eine Beschränkung des Umfangs der Vertretungsmacht ist gemäß § 126 Abs. 2 HGB Dritten gegenüber unwirksam.

Beispiel: A und B betreiben einen Getränkehandel in Form einer OHG. Im Gesellschaftsvertrag haben sie vereinbart, dass A einzelvertretungsbefugt ist, während B die OHG zusammen mit dem Prokuristen P vertreten kann. B veräußert zusammen mit P namens der OHG formgerecht ein Grundstück der Gesellschaft an X. Ist der Kaufvertrag zwischen der OHG und X wirksam zustande gekommen?

Problematisch ist allein, ob die OHG bei der Einigung mit X gemäß § 164 Abs. 1 S. 1 BGB wirksam vertreten worden ist. Die gemäß § 125 Abs. 3 HGB gemeinsam vertretungsberechtigten B und P haben eine eigene Willenserklärung namens der OHG gegenüber X abgegeben. Der Verkauf des Grundstücks muss jedoch auch vom Umfang der Vertretungsmacht abgedeckt sein. Gemäß § 126 Abs. 1 HGB erfasst die Vertretungsmacht des Gesellschafters auch die Veräußerung von Grundstücken. Demgegenüber dürfen Prokuristen gemäß § 49 Abs. 2 HGB keine Grundstücke veräußern. **Fraglich ist daher, welche Regelung sich bei einer unechten Gesamtvertretung durchsetzt.** § 49 Abs. 2 HGB will verhindern, dass der Unternehmensinhaber einen so sicheren Vermögenswert wie ein Grundstück nicht ohne sein Wissen verliert. Bei der unechten Gesamtvertretung ist immer einer der Gesellschafter – also einer der Unternehmensinhaber – an der Vertretung beteiligt, sodass der Zweck des § 49 Abs. 2 HGB in diesem Fall nicht tangiert ist. Daher richtet sich der Umfang der Vertretungsmacht bei der unechten Gesamtvertretung unstreitig nach § 126 Abs. 1 HGB, sodass die Grundstücksveräußerung durch B und P an X vom Umfang der Vertretungsmacht abgedeckt ist. Somit ist durch B und P eine wirksame Stellvertretung gemäß § 164 Abs. 1 BGB erfolgt.

Von der Vertretung **ausgenommen** sind auch bei der OHG die **Grundlagengeschäfte** – also die Geschäfte, die den Gesellschaftsvertrag selbst betreffen. Diese bedürfen der **Zustimmung aller Gesellschafter**.

2. Haftungsstruktur der OHG

a) Haftung der OHG

Gemäß § 124 Abs. 1 HGB kann die OHG Rechte erwerben und Verbindlichkeiten eingehen, Eigentum und andere dingliche Rechte an Grundstücken erwerben, vor Gericht klagen und verklagt werden. Infolgedessen haftet die OHG gegenüber den Gläubigern mit ihrem Gesellschaftsvermögen.

Klausurhinweis: Bei Ansprüchen gegen die OHG sollte § 124 HGB bereits im Obersatz genannt werden, um die Rechtsfähigkeit dieser Gesellschaft von vornherein klarzustellen.

Trotz ihrer rechtlichen Verselbstständigung ist auch die OHG handlungsunfähig, sodass sich die Frage stellt, ob und über welche Regelung der OHG man das Verhalten von Personen, die für sie tätig geworden sind, **zurechnen** kann.

■ Verhalten von **Gesellschaftern** rechnet die h.M. der OHG **analog § 31 BGB** zu. Die OHG sei wegen der Rechtsfähigkeit mit einem Verein vergleichbar.

Es müssen **alle** Voraussetzungen des § 164 Abs. 1 BGB für eine wirksame Stellvertretung vorliegen:
■ eigene Willenserklärung
■ im fremden Namen
■ Handeln innerhalb der Vertretungsmacht.

Ferner würde der Umfang der Vertretungsmacht des Gesellschafters beschränkt, wenn er gemeinsam mit dem Prokuristen keine Grundstücke veräußern dürfte und eine solche Beschränkung ist gemäß § 126 Abs. 2 HGB verboten.

Nach a.A., wird im vertraglichen Bereich das Verhalten der Gesellschafter über § 278 BGB zugerechnet.

- Verhalten anderer **Hilfspersonen** wird im vertraglichen Bereich über **§ 278 BGB** zugerechnet und im deliktischen Bereich kann sich eine Haftung der OHG aus **§ 831 BGB** ergeben.

b) Haftung der OHG-Gesellschafter

Die Gesellschafter einer OHG haften gemäß § 128 HGB akzessorisch für die Verbindlichkeiten der OHG, die während ihrer Mitgliedschaft in der Gesellschaft begründet worden sind.

Voraussetzungen und Rechtsfolge des § 128 HGB

I. Voraussetzungen:

- Bestehen einer OHG

- Verbindlichkeit der OHG

- Gesellschafterstellung des Inanspruchgenommenen zur Zeit der Begründung der Verbindlichkeit

II. Rechtsfolge: Gesellschafter haften den Gläubigern als Gesamtschuldner

---

aa) Voraussetzungen des § 128 HGB

§ 128 HGB erfordert zunächst das Bestehen einer OHG im Zeitpunkt der Begründung der Verbindlichkeit. Ferner muss eine Verbindlichkeit der OHG vorliegen und der Inanspruchgenommene muss zur Zeit der Begründung der Verbindlichkeit Gesellschafter der OHG gewesen sein.

Umstritten ist, ob § 128 HGB auf deliktische Verbindlichkeiten anwendbar ist. !

Beispiel: A und B betreiben einen Getränkehandel in Form einer OHG. Auf einer Fahrt zum Großmarkt, fährt A den Passanten P an. P verlangt Schadensersatz von B aus § 823 Abs. 1 BGB i.V.m. § 128 HGB. Zu Recht?

Anspruch P gegen B aus § 823 Abs. 1 BGB i.V.m. § 128 HGB?
I. Eine OHG besteht.
II. Eine Verbindlichkeit der OHG aus § 823 Abs. 1 BGB i.V.m. § 124 HGB besteht, da A durch sein Verhalten den P rechtswidrig und schuldhaft verletzt hat und der OHG das Verhalten und Verschulden des A gemäß § 31 BGB analog zugerechnet wird. Es ist jedoch umstritten, ob § 128 HGB auf deliktische Verbindlichkeiten anwendbar ist.
Die **h.M. bejaht die Anwendbarkeit** des § 128 HGB auf deliktische Verbindlichkeiten, da der Gesetzgeber in § 128 HGB nur allgemein von Verbindlichkeiten der Gesellschaft spricht. Zudem werde dadurch der Gläubiger geschützt. Nach a.A. ist § 128 HGB im Deliktsrecht nicht anwendbar. Dies folge aus einer

Parallele u.a. zu § 15 HGB, bei dem man den Anwendungsbereich auf Vorgänge im Geschäftsverkehr beschränke und damit rein deliktische Vorgänge aus dem Anwendungsbereich herausnehme. Da es sich bei § 128 HGB – im Unterschied zu § 15 HGB – nicht um eine Rechtsscheinsnorm handelt, wird **aufgrund des eindeutigen Wortlauts des § 128 HGB** mit der h.M. § 128 HGB auch auf deliktische Verbindlichkeiten angewandt.

III. B war zur Zeit der Begründung der Verbindlichkeit auch Gesellschafter der OHG, sodass die Voraussetzungen des § 128 HGB vorliegen und daher ein Anspruch des P gegen B aus § 823 Abs. 1 BGB i.V.m. § 128 HGB besteht.

bb) Rechtsfolge des § 128 HGB

Liegen die Voraussetzungen des § 128 HGB vor, haften die Gesellschafter der OHG für die Verbindlichkeit der Gesellschaft den Gläubigern als Gesamtschuldner persönlich.

(1) Art der Haftung

§ 128 HGB begründet eine unmittelbare, primäre, unbeschränkte, persönliche und gesamtschuldnerische Haftung:

Dass die Gesellschafter **akzessorisch** haften gehört zu den Voraussetzungen des § 128 HGB und verdeutlicht lediglich, dass die Gesellschafter immer nur haften, wenn eine Verbindlichkeit der OHG besteht.

- **unmittelbar**: der Gläubiger kann die Gesellschafter direkt in Anspruch nehmen; es besteht also nicht lediglich eine Nachschusspflicht der Gesellschafter gegenüber der Gesellschaft

- **primär**: der Gläubiger kann die Gesellschafter in Anspruch nehmen, ohne zuvor von der Gesellschaft Erfüllung der Verbindlichkeit verlangt zu haben (keine Einrede der Vorausklage)

- **unbeschränkt** und **persönlich**: die Gesellschafter haften mit ihrem gesamten Privatvermögen und nicht nur mit einer bestimmten Einlage; eine entgegenstehende Vereinbarung ist Dritten gegenüber unwirksam, vgl. § 128 S. 2 HGB

- **gesamtschuldnerisch**: der Gläubiger kann die ganze Leistung von jedem Gesellschafter verlangen, insgesamt aber nur einmal (vgl. § 421 BGB)

(2) Haftungsinhalt

Umstritten ist, wie die Gesellschafterhaftung gemäß § 128 HGB inhaltlich ausgestaltet ist.

- **Nach h.M. (Erfüllungstheorie)** haften die Gesellschafter grundsätzlich zum Schutz der Gläubiger auf Erfüllung der Leistung in natura. Nur wenn es dem Gesellschafter aus tatsächlichen oder rechtlichen Gründen unmöglich oder unzumutbar ist, die Erfüllung persönlich zu erbringen, haftet der Gesellschafter nicht auf Erfüllung, sondern auf Geldersatz.

- **Nach a.A. (Haftungstheorie)** haften die Gesellschafter grundsätzlich nur auf Geldersatz. Eine persönliche Haftung auf Erfüllung würde zu weitgehend in die Privatsphäre der Gesellschafter eingreifen. Nur wenn sich ein Gesellschafter gegenüber der Gesellschaft zur Erfüllung verpflichtet hat, haftet er auch gegenüber dem Gläubiger auf Leistung in natura.

Beispiel: A und B betreiben einen Getränkehandel in Form einer OHG. Die OHG hat – vertreten durch A – dem X Lieferung von 10 Bierkisten der Marke Jever zugesagt. Kann X von Gesellschafter B Lieferung der Bierkisten verlangen?

Anspruch X gegen B auf Lieferung **aus § 433 Abs. 1 BGB i.V.m. § 128 HGB**?

I. Die Voraussetzungen des § 128 HGB sind erfüllt: Eine OHG besteht und eine Verbindlichkeit der OHG aus § 433 Abs. 1 BGB i.V.m. § 124 HGB besteht wegen der wirksamen Vertretung der OHG durch A. Zudem war B zum Zeitpunkt der Begründung der Verbindlichkeit auch Gesellschafter der OHG.

II. Als Rechtsfolge des § 128 HGB haften die Gesellschafter für die Verbindlichkeiten der OHG gegenüber den Gläubigern. **Streitig ist allerdings, wie diese Haftung ausgestaltet** ist. Nach der Haftungstheorie haftet B zum Schutz seiner Privatsphäre nicht auf Lieferung, sondern nur auf Geldersatz. Nach h.M. haftet B zum Schutz der Gläubiger auf Erfüllung. Da ihm die Beschaffung und Lieferung von 10 Bierkisten der Marke Jever weder unmöglich noch unzumutbar ist, kann X von B nach h.M. Lieferung der Bierkisten verlangen. Nach der Haftungstheorie kann der Gläubiger die eigentliche Leistung nur von der OHG und nicht von den Gesellschaftern verlangen. Dies unterläuft die primäre Haftung der Gesellschafter und ist daher abzulehnen.

Infolgedessen kann X von B Lieferung der Bierkisten gemäß § 433 Abs. 1 BGB i.V.m. § 128 HGB verlangen.

cc) Einwendungen des Gesellschafters gemäß § 129 HGB

Wird ein Gesellschafter wegen seiner Haftung gemäß § 128 HGB in Anspruch genommen, kann er zum einen alle Einwendungen geltend machen, die ihm aus seinem persönlichen Verhältnis zu dem jeweiligen Gläubiger zustehen. Zum anderen kann er gemäß § 129 Abs. 1 HGB alle Einwendungen und Einreden geltend machen, die der OHG zustehen.

Ferner hat er gegenüber dem Gläubiger ein Leistungsverweigerungsrecht, wenn der OHG (bzw. KG) die Möglichkeit der Anfechtung oder der Aufrechnung zusteht, vgl. § 129 Abs. 2 und 3 HGB.

§ 129 Abs. 2, 3 HGB wird bei sonstigen Gestaltungsrechten der OHG analog angewendet.

Klausurhinweis: *Der Wortlaut des § 129 Abs. 3 HGB ist nach allgemeiner Ansicht missglückt. Aus dem Zusammenhang mit § 129 Abs. 1, 2 HGB ergibt sich eindeutig, dass nicht die Aufrechnungsmöglichkeit des Gläubigers, sondern die der Gesellschaft entscheidend ist.*

1. Was versteht man unter echter bzw. unechter Gesamtvertretung?

1. Echte Gesamtvertretung: mehrere Gesellschafter sind nur gemeinsam vertretungsbefugt, § 125 Abs. 2 HGB. Unechte Gesamtvertretung: ein Gesellschafter ist nur zusammen mit einem Prokuristen zur Vertretung berechtigt, §125 Abs. 3 HGB.

2. Wie wird der OHG fremdes Verhalten zugerechnet?

2. Verhalten von Gesellschaftern rechnet die h.M. der OHG analog § 31 BGB zu. Die OHG sei wegen der Rechtsfähigkeit mit einem Verein vergleichbar. Verhalten anderer Hilfspersonen wird im vertraglichen Bereich über § 278 BGB zugerechnet und im deliktischen Bereich kann sich eine Haftung der OHG aus § 831 BGB ergeben.

3. Ist § 128 HGB auf deliktische Verbindlichkeiten anwendbar?

3. Die h.M. bejaht zum Schutz der Gläubiger und wegen des eindeutigen Wortlauts der Norm die Anwendbarkeit des § 128 HGB auf deliktische Verbindlichkeiten. Nach a.A. ist § 128 HGB im Deliktsrecht nicht anwendbar. Dies folge aus einer Parallele u.a. zu § 15 HGB, bei dem man den Anwendungsbereich auf Vorgänge im Geschäftsverkehr beschränke und damit rein deliktische Vorgänge aus dem Anwendungsbereich herausnehme.

4. Wie ist die Haftung nach § 128 HGB inhaltlich ausgestaltet?

4. Nach h.M. (Erfüllungstheorie) haften die Gesellschafter grundsätzlich zum Schutz der Gläubiger auf Erfüllung der Leistung in natura. Nur wenn dem Gesellschafter die Erfüllung unmöglich oder unzumutbar ist, haftet er auf Geldersatz. Nach a.A. (Haftungstheorie) haften die Gesellschafter zum Schutze ihrer Privatsphäre grundsätzlich nur auf Geldersatz. Nur wenn sich ein Gesellschafter gegenüber der Gesellschaft zur Erfüllung verpflichtet hat, haftet er auch gegenüber dem Gläubiger auf Leistung in natura.

III. Außenverhältnis der KG

1. Vertretung der KG

Wie bei der OHG gibt der Handelnde auch bei der Vertretung einer KG die Willenserklärung nur im Namen der KG und nicht gleichzeitig im Namen der Gesellschafter ab. D.h. die Stellvertretung gemäß § 164 Abs. 1 S. 1 BGB erfolgt nur für die KG.

Gemäß §§ 125, 161 Abs. 2 HGB steht die Vertretungsbefugnis grundsätzlich den Komplementären zu, während die Kommanditisten gemäß § 170 HGB – zwingend – von der organschaftlichen Vertretung ausgeschlossen sind.

Die grundsätzliche Einzelvertretungsbefugnis der Komplementäre, vgl. §§ 125 Abs. 1, 161 Abs. 2 HGB, kann durch abweichende Vereinbarung geändert werden. Gemäß §§ 125 Abs. 2 und 3, 161 Abs. 2 HGB kann auch bei der KG echte und unechte Gesamtvertretung vereinbart werden.

Darüber hinaus können Dritte oder von der organschaftlichen Vertretung durch den Gesellschaftsvertrag ausgeschlossene Gesellschafter oder Kommanditisten gemäß §§ 167 ff. BGB bevollmächtigt werden. Auch hier muss jedoch der Grundsatz der Selbstorganschaft beachtet werden: D.h. es muss immer eine Art der Vertretung vorhanden sein, bei der die Gesellschaft nur durch ihre Organe – unabhängig von der Mitwirkung Dritter – vertreten werden kann.

> Kommanditisten kann jedoch keine organschaftliche Vertretungsmacht im Gesellschaftsvertrag eingeräumt werden!

Der **Umfang der Vertretungsmacht** der Gesellschafter ergibt sich aus §§ 126 Abs. 1, 161 Abs. 2 HGB und ist daher identisch mit der Vertretungsmacht der OHG-Gesellschafter.

2. Haftungsstruktur der KG

a) Haftung der KG

Gemäß §§ 124 Abs. 1, 161 Abs. 2 HGB kann die KG Rechte erwerben und Verbindlichkeiten eingehen, Eigentum und andere dingliche Rechte an Grundstücken erwerben, vor Gericht klagen und verklagt werden. Infolgedessen haftet die KG gegenüber den Gläubigern mit ihrem Gesellschaftsvermögen.

Die **Zurechnung** fremden Verhaltens erfolgt nach denselben Grundsätzen wie bei der OHG: Verhalten von Gesellschaftern wird analog § 31 BGB zugerechnet. Verhalten anderer Hilfspersonen wird im vertraglichen Bereich über § 278 BGB zugerechnet, im deliktischen Bereich kann sich eine Haftung der KG aus § 831 BGB ergeben.

b) Haftung des Komplementärs

Die Komplementäre einer KG haften gemäß §§ 128, 161 Abs. 2 HGB akzessorisch für die Verbindlichkeiten der KG, die während ihrer Mitgliedschaft in der Gesellschaft begründet worden sind.

Die Haftung des Komplementärs ist mit der Haftung des OHG-Gesellschafters identisch. Daher wird bzgl. der Einzelheiten zu den Voraussetzungen und der Haftungsausgestaltung auf die Ausführungen zur Haftung nach § 128 HGB verwiesen (s.o. S. 95 ff.).

c) Haftung des Kommanditisten

Die Kommanditistenhaftung bestimmt sich grundsätzlich nach § 171 Abs. 1 HGB, in bestimmten Situationen kann jedoch daneben die Haftungsregelung des § 176 HGB eingreifen.

aa) Haftung des Kommanditisten gemäß § 171 Abs. 1 HGB

Voraussetzungen und Rechtsfolge des § 171 Abs. 1 HGB
I. Voraussetzungen: ■ Bestehen einer KG ■ Verbindlichkeit der KG ■ Kommanditistenstellung des Inanspruchgenommenen zur Zeit der Begründung der Verbindlichkeit **II. Rechtsfolge:** Kommanditisten haften den Gläubigern bis zur Höhe ihrer Haftsumme

(1) Voraussetzungen des § 171 Abs. 1 HGB

Die Eintragung der Kommanditistenstellung im Handelsregister gemäß § 162 Abs. 1 HGB hat lediglich deklaratorische Wirkung.

§ 171 Abs. 1 HGB erfordert zunächst das Bestehen einer KG im Zeitpunkt der Begründung der Verbindlichkeit. Ferner muss eine Verbindlichkeit der KG vorliegen und der Inanspruchgenommene muss zur Zeit der Begründung der Verbindlichkeit Kommanditist der KG gewesen sein.

(2) Rechtsfolge des § 171 Abs. 1 HGB

Liegen die Voraussetzungen des § 171 Abs. 1 HGB vor, haftet der Kommanditist gemäß § 171 Abs. 1 Hs. 1 HGB für die Verbindlichkeit der KG den Gläubigern „bis zur Höhe seiner Einlage unmittelbar"; seine Haftung erlischt, wenn er seine Einlage erbracht hat, vgl. § 171 Abs. 1 Hs. 2 HGB.

*Hinweis: Der Gesetzeswortlaut ist ungenau, da der Gesetzgeber in § 171 Abs. 1 HGB anordnet, dass der Kommanditist bis zur Höhe seiner „Einlage" haftet. Aus §§ 162 Abs. 1, 172 Abs. 1 HGB ergibt sich jedoch, dass im Außenverhältnis zu den Gläubigern nicht die im Gesellschaftsvertrag vereinbarte Einlage (sogenannte **Pflichteinlage**) maßgeblich ist, sondern immer der im Handelsregister eingetragene Betrag (sogenannte **Haftsumme**).*

Unterscheide:
- „Pflichteinlage" – Innenverhältnis
- „Haftsumme" – Außenverhältnis)

Der Kommanditist schuldet somit im Innenverhältnis die Leistung der Pflichteinlage, also die Leistung, die im Gesellschaftsvertrag als seine Einlage vereinbart worden ist. Dabei kann es sich z.B. um die Zahlung eines Geldbetrages, die Einbringung von Sachen oder die Erbringung von Dienstleistungen handeln. Hat er die Pflichteinlage erbracht, ist er im Innenverhältnis von seiner Verbindlichkeit befreit.

Im Außenverhältnis schuldet er gemäß §§ 162 Abs. 1, 172 Abs. 1 HGB die Erbringung einer Leistung, die den objektiven Wert der im Handelsregister eingetragenen Haftsumme erreicht. D.h. die Leistung der Pflichteinlage befreit den Kommanditisten nur dann von seiner Haftung gegenüber den Gläubigern, wenn die Pflichteinlage zur Zeit ihrer Leistung zumindest dem objektiven Wert der Haftsumme entspricht.

Beispiel: Der Kommanditist K hat mit der KG als Pflichteinlage die Übereignung eines Grundstücks vereinbart. Im Handelsregister wird eine Haftsumme von 200.000 € eingetragen. K übereignet das geschuldete Grundstück, das zu diesem Zeitpunkt einen objektiven Wert von 175.000 € hat, an die KG.

Durch die Übereignung des Grundstücks hat K seine Pflichteinlage gegenüber der KG erbracht und ist daher im Innenverhältnis von seiner Leistungspflicht frei geworden. Im Außenverhältnis schuldet er eine Leistung im objektiven Wert der eingetragenen Haftsumme von 200.000 €. Da das von ihm eingebrachte Grundstück lediglich einen objektiven Wert von 175.000 € aufweist, haftet der K im Außenverhältnis noch auf weitere 25.000 €. D.h. ein Gläubiger der KG könnte K bis zur Höhe von 25.000 € für Verbindlichkeiten der KG in Anspruch nehmen.

Gemäß § 172 Abs. 4 HGB lebt die Haftung des Kommanditisten wieder auf, wenn ihm die Einlage zurückbezahlt wird. Dadurch soll den Gläubigern das Gesellschaftsvermögen als Haftungsmasse erhal-

!

ten bleiben. Als Rückzahlung i.S.d. § 172 Abs. 4 HGB gilt dabei jede Leistung aus dem Vermögen der KG an den Kommanditisten, für die dem Gesellschaftsvermögen keine gleichwertige Gegenleistung zufließt.

Beispiele: Begleichung persönlicher Verbindlichkeiten des Kommanditisten, Eigenentnahmen

Die Einlage eines Kommanditisten kann durch Vereinbarung der Gesellschafter herabgesetzt werden. Dritten gegenüber wirkt die Herabsetzung jedoch nur nach Maßgabe des § 174 HGB!

Gemäß § 172 Abs. 3 HGB sind Erlass- oder Stundungsvereinbarungen zwischen der KG und dem Kommanditisten in Bezug auf die Einlage Dritten gegenüber unwirksam.

bb) Unbeschränkte Haftung des Kommanditisten gemäß § 176 HGB

Vor Eintragung der Kommanditistenstellung im Handelsregister haftet der Kommanditist gemäß § 176 HGB wie ein Komplementär, also unbeschränkt.

(1) Unbeschränkte Haftung gemäß § 176 Abs. 1 S. 1 HGB

§ 176 Abs. 1 S. 1 HGB regelt die Haftung des Kommanditisten vor Eintragung einer neu gegründeten KG.

Voraussetzungen und Rechtsfolge des § 176 Abs. 1 S. 1 HGB
I. Voraussetzungen:
■ Bestehen einer KG
■ Geschäftsbeginn vor Eintragung der KG im Handelsregister
■ Verbindlichkeit der KG vor Eintragung begründet
■ Kommanditistenstellung des Inanspruchgenommenen zur Zeit der Begründung der Verbindlichkeit
■ Zustimmung des Kommanditisten zum Geschäftsbeginn
■ keine positive Kenntnis des Gläubigers von der Kommanditistenstellung
■ nach h.M. ist Kenntnis des Gläubigers von der Gesellschafterstellung des Inanspruchgenommenen nicht erforderlich
II. Rechtsfolge: Kommanditist haftet wie ein Komplementär, also unbeschränkt

(a) Voraussetzungen

(aa) Die Haftung gemäß § 176 Abs. 1 S. 1 HGB erfordert zunächst das **Bestehen einer KG**.

Da § 176 Abs. 1 HGB davon ausgeht, dass noch keine Eintragung der KG im Handelsregister erfolgt ist, muss die Gesellschaft auf den Betrieb eines Handelsgewerbes i.S.v. § 1 Abs. 2 HGB gerichtet sein, vgl. § 176 Abs. 1 S. 2 HGB.

Nur bei einem Handelsgewerbe i.S.v. § 1 Abs. 2 HGB hat die Eintragung im Handelsregister lediglich deklaratorische Wirkung, d.h. es kann auch vor der Eintragung im Handelsregister bereits betrieben werden.

(bb) Ferner muss die KG ihre **Geschäfte vor der Eintragung im Handelsregister begonnen** und daraus eine **Verbindlichkeit begründet** haben.

Umstritten ist, ob § 176 HGB auf deliktische Verbindlichkeiten anwendbar ist. Da § 176 HGB, genau wie § 15 HGB ein Rechtsscheinstatbestand ist, muss zumindest abstrakt die Möglichkeit bestehen, dass der Dritte sein Verhalten auf den Rechtsschein – die fehlende Eintragung der KG im Handelsregister – einrichtet. Diese Möglichkeit besteht nur, wenn der rechtsbegründende Vorgang im inneren Zusammenhang mit dem Geschäftsverkehr steht. Im reinen Unrechtsverkehr – z.B. bei einem Verkehrsunfall – richtet niemand sein Verhalten im Hinblick auf die Veröffentlichungen im Handelsregister ein. Infolgedessen ist § 176 HGB im reinen Unrechtsverkehr nach h.M. nicht anwendbar.

Klausurhinweis: Bei § 15 HGB wird dieser Aspekt durch eine zusätzliche Voraussetzung (Vorgang im Geschäftsverkehr) zum Ausdruck gebracht. Bei der Prüfung des § 176 HGB wird insoweit keine zusätzliche Voraussetzung geprüft, sondern § 176 HGB wird nach h.M. bei deliktischen Verbindlichkeiten nicht angewendet.

(cc) Zudem muss der **Inanspruchgenommene zur Zeit der Begründung der Verbindlichkeit Kommanditist der KG gewesen sein** und dem **Geschäftsbeginn** (zumindest konkludent) **zugestimmt** haben.

(dd) Schließlich darf der Gläubiger zur Zeit der Verbindlichkeitsbegründung **keine positive Kenntnis von der Kommanditistenstellung** des Anspruchsgegners gehabt haben.

(ee) Umstritten ist, ob es darüber hinaus noch eine ungeschriebene Voraussetzung gibt.

!

Es wird zum Teil gefordert, dass der Gläubiger bei Begründung der Verbindlichkeit **Kenntnis von der Gesellschafterstellung des Anspruchsgegners** gehabt haben muss. § 176 HGB sei eine Regelung zum Schutz des Gläubigers und setze folglich dessen Schutzwürdigkeit voraus. Der Gläubiger könne sich auf die Haftung einer bestimmten Person jedoch nur dann verlassen haben, wenn er bei Begründung der Verbindlichkeiten davon ausgegangen sei, dass diese Person auch Gesellschafter ist.

Die h.M. lehnt diese zusätzliche Voraussetzung ab, da sie zu einer erheblichen Einschränkung des Anwendungsbereichs der Norm führt: Der Gläubiger darf nicht wissen, dass der Anspruchsgegner Kommanditist ist, muss aber gleichzeitig von der Gesellschafterstellung Kenntnis haben. Damit bliebe für § 176 HGB nur die Fallgestaltung übrig, dass der Gläubiger den Kommanditisten irrtümlich für den Komplementär hält.

> Zudem ist § 176 HGB nicht nur eine Schutznorm für den Gläubiger, sondern auch eine Sanktion für die Nichtbefolgung handelsrechtlicher Eintragungsvorschriften.

(b) Rechtsfolge

Liegen die Voraussetzungen des § 176 Abs. 1 S. 1 HGB vor, so haftet der Kommanditist wie ein Komplementär, also unbeschränkt.

(2) Unbeschränkte Haftung gemäß § 176 Abs. 2 HGB

§ 176 Abs. 2 HGB regelt die Haftung des Kommanditisten vor Eintragung bei Eintritt in eine bestehende Handelsgesellschaft.

Voraussetzungen und Rechtsfolge des § 176 Abs. 2 HGB
I. Voraussetzungen: ■ Eintritt eines Kommanditisten in eine bestehende Handelsgesellschaft ■ Verbindlichkeit der KG zwischen Eintritt und Eintragung der Kommanditistenstellung im Handelsregister begründet ■ Kommanditistenstellung des Inanspruchgenommenen zur Zeit der Begründung der Verbindlichkeit (Zustimmung des Kommanditisten ist nicht erforderlich) ■ keine positive Kenntnis des Gläubigers von der Kommanditistenstellung ■ nach h.M. ist Kenntnis des Gläubigers von der Gesellschafterstellung des Inanspruchgenommenen nicht erforderlich **II. Rechtsfolge:** Kommanditist haftet wie ein Komplementär, also unbeschränkt

(a) Voraussetzungen

(aa) Voraussetzung für die Haftung gemäß § 176 Abs. 2 HGB ist zunächst der **Eintritt eines Kommanditisten in eine bestehende Handelsgesellschaft** (OHG oder KG).

(bb) Ferner muss eine **Verbindlichkeit der KG zwischen Eintritt des Kommanditisten und seiner Eintragung im Handelsregister begründet** worden sein.

(cc) Zudem darf der Gläubiger zur Zeit der Begründung der Verbindlichkeit **keine positive Kenntnis von der Kommanditistenstellung des Anspruchsgegners** gehabt haben. Dies ergibt sich aus dem Verweis auf § 176 Abs. 1 S. 1 HGB.

(dd) Eine darüberhinausgehende ungeschriebene Voraussetzung, dass der Gläubiger im Zeitpunkt der Begründung der Verbindlichkeit von der Gesellschafterstellung des Kommanditisten gewusst haben muss, wird von der h.M. wegen der daraus resultierenden Einschränkung des Anwendungsbereichs abgelehnt.

Eine Zustimmung des eingetretenen Kommanditisten zur Fortführung der Geschäfte sowie Kenntnis des Gläubigers von der Gesellschafterstellung des Anspruchsgegners ist nach h.M. nicht erforderlich.

(b) Rechtsfolge

Sind die Voraussetzungen des § 176 Abs. 2 HGB erfüllt, haftet der Kommanditist wie ein Komplementär, also unbeschränkt

Beispiel: Kommanditist K tritt zum 01.04. in die KG ein und zahlt seine Pflichteinlage i.H.v. 10.000 € umgehend an die KG. Die KG schließt – vertreten durch den Komplementär A – am 10.04. mit Z einen Kaufvertrag über eine Warenlieferung zum Kaufpreis von 20.000 €. Die Eintragung der Kommanditistenstellung des K mit einer Haftsumme von 10.000 € im Handelsregister erfolgt am 20.04. Z, der erst nach Abschluss des Kaufvertrags erfahren hat, dass K Gesellschafter der KG ist, verlangt von K Zahlung des Kaufpreises. Zu Recht?

I. Anspruch Z gegen K aus **§ 433 Abs. 2 BGB i.V.m. § 171 Abs. 1 HGB**? Die Voraussetzungen des § 171 Abs. 1 HGB sind gegeben, jedoch hat K seine komplette Pflichteinlage an die KG gezahlt und damit auch eine Leistung erbracht, die seiner Haftsumme entspricht, sodass kein Anspruch aus § 433 Abs. 2 BGB i.V.m. § 171 Abs. 1 HGB mehr besteht.

II. Anspruch des Z gegen K aus **§ 433 Abs. 2 BGB i.V.m. § 176 Abs. 2 HGB**? K ist am 01.04. in die KG als Kommanditist eingetreten. Die KG hat über die Stellvertretung des A am 10.04., also zwischen Eintritt und Eintragung der Kommanditistenstellung des K am 20.04., eine Kaufpreisverbindlichkeit gegenüber Z begründet. Ferner hatte Z bei Abschluss des Kaufvertrags keine Kenntnis von der Kommanditistenstellung des K, sodass die Voraussetzungen des § 176 Abs. 2 HGB gegeben sind und K gegenüber Z wie ein Komplementär, also unbeschränkt i.H.v. 20.000 € haftet.

Hinweis: Der Kommanditist kann einer unbeschränkten Haftung gemäß § 176 Abs. 2 HGB durch Vereinbarung einer aufschiebenden Bedingung gemäß § 158 Abs. 1 BGB entgehen: Der Eintritt des Kommanditisten wird erst mit seiner Eintragung wirksam.

!

1. Was versteht man unter der Pflichteinlage und der Haftsumme?

1. Die Pflichteinlage ist die Leistung, die im Gesellschaftsvertrag als Einlage des Kommanditisten vereinbart worden ist. Dabei kann es sich z.B. um die Zahlung eines Geldbetrages, die Einbringung von Sachen oder die Erbringung von Dienstleistungen handeln. Hat er die Pflichteinlage erbracht, ist er im Innenverhältnis von seiner Verbindlichkeit befreit.

Die Haftsumme ist der Betrag der Einlage, der im Handelsregister eingetragen worden ist. Diese Haftsumme ist im Außenverhältnis gemäß §§ 162 Abs. 1, 172 Abs. 1 HGB maßgeblich. D.h. die Leistung der Pflichteinlage befreit den Kommanditisten nur dann von seiner Haftung gegenüber den Gläubigern, wenn die Pflichteinlage zur Zeit ihrer Leistung zumindest dem objektiven Wert der Haftsumme entspricht.

2. Was versteht man unter einer Rückzahlung i.S.v. § 172 Abs. 4 HGB?

2. Als Rückzahlung i.S.d. § 172 Abs. 4 HGB gilt jede Leistung aus dem Vermögen der KG an den Kommanditisten, für die dem Gesellschaftsvermögen keine gleichwertige Gegenleistung zufließt, z.B. die Begleichung persönlicher Verbindlichkeiten des Kommanditisten oder Eigenentnahmen.

3. Kann der Kommanditist den Gläubigern gegenüber unbeschränkt haften?

3. Vor Eintragung der Kommanditistenstellung im Handelsregister haftet der Kommanditist gemäß § 176 HGB wie ein Komplementär, also unbeschränkt.

4. Ist § 176 HGB auf deliktische Verbindlichkeiten anwendbar?

4. Da § 176 HGB ein Rechtsscheinstatbestand ist, muss zumindest abstrakt die Möglichkeit bestehen, dass der Dritte sein Verhalten auf den Rechtsschein – die fehlende Eintragung der KG im Handelsregister – eingerichtet hat. Da niemand im reinen Unrechtsverkehr sein Verhalten im Hinblick auf die Veröffentlichungen im Handelsregister einrichtet, ist § 176 HGB im reinen Unrechtsverkehr nach h.M. nicht anwendbar.

5. Muss der Gläubiger Kenntnis von der Gesellschafterstellung des Kommanditisten haben, damit § 176 HGB eingreift?

5. Eine derartige ungeschriebene Voraussetzung wird zum Teil gefordert, da der Gläubiger nur in diesem Fall schutzwürdig sei, von der h.M. jedoch abgelehnt, da sich daraus eine erhebliche Einschränkung des Anwendungsbereichs der Norm ergebe.

IV. Haftung bei Eintritt oder Ausscheiden eines Gesellschafters

Besondere Haftungsfragen ergeben sich bei Eintritt oder Ausscheiden eines Gesellschafters.

1. Haftung des eintretenden Gesellschafters für Altverbindlichkeiten

Fraglich ist, ob jemand, der in eine bestehende Personengesellschaft als Gesellschafter eintritt, für die vor seinem Eintritt begründeten Verbindlichkeiten (= Altverbindlichkeiten) haftet.

a) Haftung des eintretenden OHG-Gesellschafters bzw. Komplementärs

Gemäß § 130 HGB (i.V.m. § 161 Abs. 2 HGB) haften eintretende OHG-Gesellschafter und Komplementäre für Altverbindlichkeiten der Gesellschaft unbeschränkt.

Voraussetzungen und Rechtsfolge des § 130 Abs. 1 HGB

I. Voraussetzungen:

- Eintritt eines OHG-Gesellschafters/Komplementärs in eine bestehende OHG/KG

- Verbindlichkeit der OHG/KG vor Eintritt des Gesellschafters begründet

II. Rechtsfolge: Gesellschafter haftet den Gläubigern unbeschränkt

---

Erforderlich ist das Bestehen einer OHG bzw. KG sowie eine Verbindlichkeit der Gesellschaft, die vor dem Eintritt des Gesellschafters begründet worden ist. Für diese Altverbindlichkeiten haftet der eingetretene Gesellschafter nach Maßgabe der §§ 128, 129 HGB, also unbeschränkt. Eine entgegenstehende Vereinbarung ist Dritten gegenüber, also im Außenverhältnis, unwirksam, § 130 Abs. 2 HGB.

Der Erwerb eines Gesellschaftsanteil steht dem Eintritt gleich.

Diese akzessorische Haftung des eintretenden Gesellschafters für Altverbindlichkeiten der Gesellschaft entspricht dem Schutz des Rechtsverkehrs und ist für die betroffenen Gesellschafter zumutbar, da sie zum einen auch vom vorhandenen Vermögen und Kundenstamm profitieren und zum anderen im Vorfeld ihres Eintritts kontrollieren können, welche Verbindlichkeiten möglicherweise auf sie zukommen.

b) Haftung des eintretenden Kommanditisten

Gemäß § 173 Abs. 1 HGB haften eintretende Kommanditisten für Altverbindlichkeiten der Gesellschaft beschränkt auf die im Handelsregister eingetragene Haftsumme.

Voraussetzungen und Rechtsfolge des § 173 Abs. 1 HGB
I. Voraussetzungen: ■ Eintritt eines Kommanditisten in eine bestehende Handelsgesellschaft ■ Verbindlichkeit der KG vor Eintritt des Kommanditisten begründet **II. Rechtsfolge:** Kommanditist haftet den Gläubigern bis zur Höhe seiner Haftsumme

Der Eintritt des Kommanditisten wird mit Abschluss des Gesellschaftsvertrages wirksam, da die Eintragung der Kommanditistenstellung im Handelsregister lediglich deklaratorische Wirkung hat.

Erforderlich ist das Bestehen einer Handelsgesellschaft sowie eine Verbindlichkeit der Gesellschaft, die vor dem Eintritt des Kommanditisten begründet worden ist. Für diese Altverbindlichkeiten haftet der eingetretene Kommanditist nach Maßgabe der §§ 172, 173 HGB, also beschränkt auf seine Haftsumme. Eine entgegenstehende Vereinbarung ist Dritten gegenüber, also im Außenverhältnis, unwirksam, § 173 Abs. 2 HGB.

c) Haftung des eintretenden BGB-Gesellschafters

Umstritten ist, ob der in eine GbR eintretende Gesellschafter für Altverbindlichkeiten haftet:

■ Nach der **individualistischen Theorie** und nach der **Doppelverpflichtungstheorie** scheidet eine Haftung des eintretenden GbR-Gesellschafters für Altverbindlichkeiten aus, da seine Haftung nach diesen Ansichten rechtsgeschäftlich über die Stellvertretung begründet wird und er bei Rechtsgeschäften, die vor seinem Eintritt begründet worden sind, nicht wirksam vertreten worden ist: Der Vertreter der GbR hat bei Abschluss des Vertrages nicht im Namen des künftigen Gesellschafters gehandelt.

   Ausnahme: *Der eintretende Gesellschafter hat einen Schuldbeitritt hinsichtlich der Altverbindlichkeiten erklärt, §§ 414 ff. BGB*

■ Innerhalb der herrschenden **Akzessorietätstheorie**, die die Gesellschafterhaftung analog § 128 HGB begründet, ist umstritten, ob die Regelung des § 130 HGB ebenfalls auf GbR-Gesellschafter analog anzuwenden ist.

- Da die GbR nicht nur als Erwerbsgesellschaft, sondern in vielgestaltigen Erscheinungsformen vorkommt, halten einige eine generelle Haftung des eintretenden Gesellschafters für Altverbindlichkeiten für unbillig und lehnen daher die analoge Anwendung des § 130 HGB ab.

- **Nach h.M.** ist § 130 HGB analog auf den eintretenden GbR-Gesellschafter anzuwenden. Dies diene dem Gläubigerschutz und sei notwendig, da die GbR kein garantiertes Haftungskapital habe. Die Haftung für Altverbindlichkeiten sei für den eintretenden Gesellschafter auch zumutbar, da er von dem vorhandenen Vermögen, der Marktstellung sowie den Kundenbeziehungen profitiere. Darüber hinaus entspreche die analoge Anwendung des § 130 HGB dem Grundsatz der Identität der Personengesellschaften.

Beispiel: A und B betreiben einen kleinen Kiosk in Form einer GbR. Ihr Lieferant L hat ihnen auf ihre Bestellung hin Ware zum Preis von 2.000 € geliefert. Später ist C in die GbR eingetreten. Anspruch des L gegen Gesellschafter C aus § 433 Abs. 2 BGB auf Zahlung des Kaufpreises i.H.v. 2.000 €?

I. Nach der **individualistischen Theorie** und nach der **Doppelverpflichtungstheorie** scheidet eine Haftung des C aus § 433 Abs. 2 für die vor seinem Eintritt begründete Verbindlichkeit aus, da er bei Abschluss des Kaufvertrags noch nicht Gesellschafter der GbR gewesen ist und daher nicht über eine Stellvertretung mitverpflichtet worden ist und er bei seinem Eintritt auch keine Schuldbeitrittserklärung abgegeben hat.

II. Nach der herrschenden **Akzessorietätstheorie** haftet ein GbR-Gesellschafter für Verbindlichkeiten der GbR aus § 128 HGB analog.

1. Eine Haftung gemäß § 128 HGB analog scheidet jedoch aus, da C zur Zeit der Begründung der Verbindlichkeit kein Gesellschafter der GbR gewesen ist.

2. Jedoch haftet C nach h.M. aus § 433 Abs. 2 i.V.m. § 130 HGB analog. Die analoge Anwendung des § 130 HGB sei aufgrund der Identität der Personengesellschaften nur konsequent und diene dem Gläubigerschutz.

III. Da die Theorien zu unterschiedlichen Ergebnissen führen ist eine Entscheidung des Meinungsstreits erforderlich. Gegen die individualistische Theorie und die Doppelverpflichtungstheorie spricht ihre gekünstelte Konstruktion über eine „dreigespaltene" Willenserklärung des Handelnden. Daher wird der Akzessorietätstheorie gefolgt, sodass C gemäß § 433 Abs. 2 i.V.m. § 130 HGB analog für „Altlasten" der GbR haftet.

Klausurhinweis: Dies ist einer der wenigen Fälle, in denen der Meinungsstreit über die Begründung der Gesellschafterhaftung einer Entscheidung bedarf, da die verschiedenen Ansätze zu unterschiedlichen Ergebnissen führen. **!**

Nach a.A. wird die analoge Anwendung der strengen Haftungsnorm auf GbR-Gesellschafter abgelehnt, da eine generelle Haftung des Eintretenden für Altschulden unbillig sei.

2. Haftung des ausgeschiedenen Gesellschafters

Fraglich ist, ob die Haftung eines Gesellschafters automatisch mit seinem Ausscheiden erlischt oder ob und für welchen Zeitraum der ausgeschiedene Gesellschafter für die Verbindlichkeiten der Gesellschaft vom Gläubiger weiterhin in Anspruch genommen werden kann.

a) keine Haftung des ausgeschiedenen Gesellschafters für Neuschulden

Der Ausgeschiedene profitiert nicht mehr von den neu abgeschlossenen Geschäften und der Rechtsverkehr darf nicht auf seine Haftung vertrauen; daher gibt es keinen Grund, ihn für diese neuen Verbindlichkeiten haften zu lassen.

Werden nach dem Ausscheiden eines Gesellschafters Verbindlichkeiten für die Gesellschaft begründet, haftet der ausgeschiedene Gesellschafter nicht für diese Neuschulden.

Hinweis: Das Ausscheiden eines Gesellschafters aus einer Personenhandelsgesellschaft ist gemäß § 143 Abs. 2 HGB eintragungspflichtig, sodass sich evtl. eine Haftung für Neuschulden über § 15 Abs. 1 HGB ergeben kann, wenn das Ausscheiden nicht ordnungsgemäß im Handelsregister eingetragen und bekannt gemacht worden ist. Darüber hinaus kann sich eine Haftung für Neuschulden für alle Personengesellschafter aus allgemeinen Rechtsscheinsgrundsätzen ergeben.

b) Nachhaftung des ausgeschiedenen Gesellschafters

Bei Verbindlichkeiten, die bis zum Ausscheiden des Gesellschafters begründet worden sind, kollidieren die Interessen des ausgeschiedenen Gesellschafters mit denen der Gläubiger: Für den ausgeschiedenen Gesellschafter wäre es am Günstigsten, wenn seine Haftung automatisch mit dem Ausscheiden erlöschen würde. Demgegenüber haben die Gläubiger, die möglicherweise bei Abschluss des Vertrages gerade auf die Haftung dieses Gesellschafters vertraut haben, ein Interesse an einer zeitlich unbegrenzten Weiterhaftung des Ausgeschiedenen. Der Gesetzgeber hat eine Kompromisslösung gefunden, indem der ausgeschiedene Gesellschafter nach seinem Ausscheiden zunächst weiterhaftet, seine Haftung jedoch zeitlich begrenzt ist.

aa) Haftung des ausgeschiedenen OHG-Gesellschafters bzw. Komplementärs

Gemäß § 128 HGB (i.V.m. § 161 Abs. 2 HGB) haftet der ausgeschiedene OHG-Gesellschafter bzw. Komplementär zunächst für die bis zum Ausscheiden begründeten Verbindlichkeiten gegenüber den Gläubigern weiter.

Es tritt jedoch **gemäß § 160 HGB** (i.V.m. § 161 Abs. 2 HGB) eine **Enthaftung** – also ein Erlöschen des Anspruchs – ein, wenn der Anspruch nicht innerhalb von 5 Jahren ab Eintragung des Ausscheidens im Handelsregister fällig wird oder wenn der Anspruch nicht innerhalb dieses Zeitraums i.S.v. § 197 Abs. 1 Nr. 3–5 BGB gegen den ausgeschiedenen Gesellschafter festgestellt worden ist. Einer Feststellung i.S.v. § 197 Abs. 1 Nr. 3–5 BGB bedarf es nicht, wenn der ausgeschiedene Gesellschafter den Anspruch schriftlich anerkannt hat, § 160 Abs. 2 HGB.

§ 160 HGB ist **keine** Anspruchsgrundlage, sondern führt zum Erlöschen des Anspruchs!

Nach § 160 Abs. 1 S. 2 HGB beginnt der Lauf der 5-Jahresfrist mit dem Ende des Tages, an dem das Ausscheiden des Gesellschafters in das Handelsregister eingetragen worden ist. Fehlt eine Eintragung des Ausscheidens im Handelsregister, beginnt nach h.Rspr. der Lauf der Frist mit der Kenntnis des jeweiligen Gläubigers vom Ausscheiden des Gesellschafters.

Durch diese Regelung schafft der Gesetzgeber für alle Beteiligten Rechtssicherheit, da der Gläubiger seine Ansprüche gegen den ausgeschiedenen Gesellschafter innerhalb der 5-Jahresfrist gerichtlich geltend machen muss.

Hinweis: *Für eine Hemmung des Ablaufs der Enthaftungsfrist reicht gemäß § 160 Abs. 1 S. 3 HGB i.V.m. § 204 Abs. 1 Nr. 1 BGB eine **Klageerhebung innerhalb der 5-Jahresfrist** aus.*

bb) Haftung des ausgeschiedenen Kommanditisten

Gemäß § 171 Abs. 1 HGB haftet der ausgeschiedene Kommanditist zunächst für die bis zum Ausscheiden begründeten Verbindlichkeiten gegenüber den Gläubigern weiter. Über § 161 Abs. 2 HGB gilt jedoch für ihn ebenfalls die Enthaftungsregelung des § 160 HGB.

Bei einer Einlagenrückgewähr anlässlich des Ausscheidens lebt die Haftung des Kommanditisten gemäß § 172 Abs. 4 HGB wieder auf.

cc) Haftung des ausgeschiedenen BGB-Gesellschafters

Für den ausgeschiedenen Gesellschafter einer GbR gilt gemäß **§ 736 Abs. 2 BGB** die Enthaftungsregelung des § 160 HGB „sinngemäß". Dabei beginnt mangels Eintragung des Ausscheidens im Handelsregister der Lauf der 5-Jahresfrist mit Kenntnis des jeweiligen Gläubigers vom Ausscheiden des Gesellschafters.

1. Haften neu eingetretene Personenhandelsgesellschafter für Altverbindlichkeiten?

1. Neu eingetretene OHG-Gesellschafter und Komplementäre haften gemäß § 130 HGB (i.V.m. § 161 Abs. 2 HGB) unbeschränkt für die Altverbindlichkeiten der Gesellschaft, eintretende Kommanditisten haften gemäß § 173 Abs. 1 HGB für Altverbindlichkeiten beschränkt auf ihre Haftsumme. Diese akzessorische Haftung des eintretenden Gesellschafters für Altverbindlichkeiten der Gesellschaft entspricht dem Schutz des Rechtsverkehrs und ist für die betroffenen Gesellschafter zumutbar, da sie vom vorhandenen Vermögen und Kundenstamm profitieren und im Vorfeld kontrollieren können, welche Haftung evtl. auf sie zukommt.

2. Haften neu eintretende GbR-Gesellschafter für Altverbindlichkeiten?

2. Ob der in eine GbR eintretende Gesellschafter für Altverbindlichkeiten haftet, ist umstritten: Nach der individualistischen Theorie und nach der Doppelverpflichtungstheorie scheidet eine Haftung des eintretenden GbR-Gesellschafters für Altverbindlichkeiten mangels wirksamer Stellvertretung aus. Innerhalb der herrschenden Akzessorietätstheorie ist umstritten, ob die Regelung des § 130 HGB ebenfalls auf GbR-Gesellschafter analog anzuwenden ist. Die h.M. befürwortet eine analoge Anwendung des § 130 HGB aus Gründen des Gläubigerschutzes und wegen des Grundsatzes der Identität von Personengesellschaften.

3. Woraus kann sich eine Haftung des ausgeschiedenen Gesellschafters für Neuschulden ergeben?

3. Für ausgeschiedene Gesellschafter einer Personenhandelsgesellschaft kann sich eine Haftung für Neuschulden über § 15 Abs. 1 HGB ergeben, wenn das Ausscheiden nicht ordnungsgemäß im Handelsregister eingetragen und bekannt gemacht worden ist, da es sich gemäß § 143 Abs. 2 HGB um eine eintragungspflichtige Tatsache handelt. Darüber hinaus kann sich eine Haftung für Neuschulden für alle Personengesellschafter aus allgemeinen Rechtsscheinsgrundsätzen ergeben.

4. Wie ist die Nachhaftung des ausgeschiedenen Gesellschafters geregelt?

4. Gemäß § 160 HGB (i.V.m. § 161 Abs. 2 HGB bzw. § 736 Abs. 2 BGB) erlischt die Haftung, wenn der Anspruch nicht innerhalb von 5 Jahren ab Eintragung des Ausscheidens im HR fällig wird oder der Anspruch nicht innerhalb dieses Zeitraums i.S.v. § 197 Abs. 1 Nr. 3–5 BGB gegen den Ausgeschiedenen festgestellt worden ist.

C. Innenverhältnis der Personengesellschaften

Das Innenverhältnis der Personengesellschaften betrifft einerseits die Rechtsbeziehungen zwischen der Gesellschaft und den Gesellschaftern und andererseits das Rechtsverhältnis zwischen den Gesellschaftern untereinander. Für das Innenverhältnis gelten zunächst die Regelungen, die die Gesellschafter selber durch Vereinbarung im Gesellschaftsvertrag getroffen haben; nur soweit es keine speziellen Abreden gibt, greifen die gesetzlichen Regelungen ein.

I. Ansprüche aus dem Gesellschaftsverhältnis

Mit dem Abschluss des Gesellschaftsvertrags entstehen zwischen der Gesellschaft und den Gesellschaftern sowie zwischen den Gesellschaftern untereinander **schuldrechtliche Rechte und Pflichten**.

1. Sozialansprüche

Unter Sozialansprüchen versteht man die Ansprüche, die der Gesellschaft gegen ihre Gesellschafter aus dem Gesellschaftsverhältnis zustehen.

Beispiele: Beitragsleistung, Einhaltung der Treuepflicht – also die Interessen der Gesellschaft zu wahren und alles zu unterlassen, was diese Interessen beeinträchtigt

Treuepflicht ist ungeschriebener Bestandteil eines jeden Gesellschaftsvertrags

Die Sozialansprüche werden grundsätzlich vom vertretungsberechtigten Geschäftsführer für die Gesellschaft geltend gemacht.

Hinweis: Da der Anspruch aus dem Innenverhältnis stammt und nach außen geltend gemacht werden soll, muss der Gesellschafter für die Geltendmachung des Sozialanspruchs geschäftsführungsbefugt und gleichzeitig vertretungsberechtigt sein!

Es ist jedoch gewohnheitsrechtlich anerkannt, dass die **Sozialansprüche in Notsituationen** – wenn es also keine andere Möglichkeit der Geltendmachung gibt – von jedem Gesellschafter – unabhängig von Geschäftsführungsbefugnis und Vertretungsberechtigung – im Wege der sogenannten **actio pro socio** (Klage für den Gesellschafter) geltend gemacht werden können. Bei der actio pro socio klagt der Gesellschafter nicht als Vertreter der Gesellschaft, sondern **im eigenen Namen**, aber nicht auf Leistung an sich, sondern **auf Leistung an die Gesellschaft**.

Die actio pro socio gilt nur für Sozialansprüche und in Notsituationen!

Beispiel: A, B und C sind Gesellschafter einer OHG. Laut Gesellschaftsvertrag ist nur der A vertretungsberechtigt. B und C haben ihre Beiträge bereits erbracht, während A trotz mehrfacher Aufforderung durch seine Mitgesellschafter seinen versprochenen Beitrag – die Zahlung von 10.000 € – bislang nicht eingezahlt hat.

Bei der Beitragsleistung handelt es sich um einen Sozialanspruch und da A sich weigert, diesen Beitrag zu leisten, und er der einzige Gesellschafter in der OHG ist, der sowohl vertretungs- als auch geschäftsführungsbefugt ist, besteht eine Notsituation. Daher können sowohl B als auch C den A im eigenen Namen auf Zahlung der 10.000 € an die OHG im Wege der actio pro socio in Anspruch nehmen.

Gegenbeispiel: Laut Gesellschaftsvertrag ist auch B vertretungsberechtigt.

Jetzt fehlt es an einer Notsituation, da auch B vertretungsberechtigter Geschäftsführer ist und den Sozialanspruch für die OHG geltend machen kann.

! **Umstritten ist die dogmatische Einordnung der actio pro socio:**

- **Nach h.M.** handelt es sich um eine **Prozessstandschaft**, da der Gesellschafter ein fremdes Recht – nämlich das der Gesellschaft – im eigenen Namen geltend macht.

- **Nach a.A.** sind die Sozialansprüche zugleich Ansprüche der einzelnen Gesellschafter – sogenannte Individualansprüche (vgl. unten 3.), sodass der klagende der Gesellschafter bei der actio pro socio ein **eigenes Recht** im eigenen Namen einklagt.

! *Aufbau: Die Ausführungen über die dogmatische Einordnung der actio pro socio gehören in einem Gutachten innerhalb der Zulässigkeit der Klage zum Prüfungspunkt „Prozessführungsbefugnis".*

2. Sozialverpflichtungen

Das Gegenstück zu den Sozialansprüchen bilden die Sozialverpflichtungen der Gesellschaft – also die Verpflichtungen, die die Gesellschaft gegenüber dem einzelnen Gesellschafter aus dem Gesellschaftsverhältnis hat. Dazu gehören z.B. die Pflicht zur Auszahlung des Gewinnanteils und die Pflicht, Aufwendungen der Gesellschafter zu ersetzen.

Beispiel: Der Gesellschafter A hat gegenüber Gläubiger G eine Kaufpreisschuld der OHG i.H.v. 2.000 € beglichen.

Bei einer GbR ergibt sich der Aufwendungsersatzanspruch aus § 713 BGB i.V.m. § 670 BGB.

A kann von der OHG **gemäß § 110 HGB** Ersatz i.H.v. 2.000 € verlangen. Zwar sind Aufwendungen freiwillige Vermögensopfer und A war gegenüber A gemäß § 433 Abs. 2 BGB i.V.m. § 128 HGB zur Zahlung der 2.000 € verpflichtet. Jedoch besteht diese Pflicht des A lediglich im Außenverhältnis. Da § 110 HGB ein Anspruch im Verhältnis des Gesellschafters zur Gesellschaft ist, also das Innenverhältnis betrifft, und für A im Innenverhältnis keine Pflicht besteht, 2.000 € an die OHG zu zahlen, ist eine freiwillige Leistung und daher eine Aufwendung gegeben.

3. Individualansprüche und -verpflichtungen

Ansprüche und Verpflichtungen der Gesellschafter untereinander, die sich aus dem Gesellschaftsverhältnis ergeben, werden als Individualansprüche und -verpflichtungen bezeichnet. Dazu gehören z.B. Ausgleichsansprüche sowie Schadensersatzansprüche wegen Verletzung der allgemeinen Treuepflicht.

Beispiel: Der Gesellschafter A hat gegenüber Gläubiger G eine Kaufpreisschuld der OHG i.H.v. 2.000 € beglichen und die OHG hat keine Mittel, ihm die 2.000 € zu erstatten. Kann A seinen Mitgesellschafter B in Anspruch nehmen?

I. Anspruch A gegen B **aus § 426 Abs. 1 S. 1 BGB i.H.v. 1.000 €**, da A und B gemäß § 128 S. 1 HGB gegenüber G als Gesamtschuldner haften und daher ein anteiliger Ausgleichsanspruch im Innenverhältnis besteht. Aufgrund der Treuepflicht darf A diesen Anspruch jedoch nur geltend machen, wenn er von der Gesellschaft keinen Ersatz erlangen kann.

II. Anspruch A gegen B **aus § 426 Abs. 2 BGB i.V.m. § 433 Abs. 2 BGB i.V.m. § 128 HGB** i.H.v. 1.000 €. Da A die Kaufpreisschuld für die OHG getilgt hat, geht der Anspruch des G gegen B aus § 433 Abs. 2 BGB i.V.m. § 128 HGB in der Ausgleichsquote aus § 426 Abs. 1 S. 1 BGB auf den zahlenden Gesamtschuldner A über. Auch diesen Ausgleichsanspruch darf A jedoch nur geltend machen, wenn er von der Gesellschaft keinen Ersatz erlangen kann.

> Der Ausgleichsanspruch gegen die Mitgesellschafter ist **subsidiär!**

4. Drittbeziehung

Sogenannte Drittbeziehungen ergeben sich, wenn der Gesellschafter der Gesellschaft wie ein Dritter gegenübersteht, z.B. im Rahmen eines mit der Gesellschaft abgeschlossenen Darlehensvertrages.

Für diese Drittbeziehungen bestehen keine besonderen gesellschaftsrechtlichen Regelungen, jedoch ergibt sich aus der gesellschaftlichen Treuepflicht bei der Geltendmachung eines solchen Anspruchs für den Gesellschafter eine Rücksichtnahmepflicht. Deswegen kann es ihm z.B. zumutbar sein, trotz Fälligkeit des Rückzahlungsanspruchs auf die momentane Geltendmachung des Anspruchs zu verzichten, wenn er weiß, dass die Gesellschaft zurzeit nicht solvent ist, aber im kommenden Monat wieder Geldmittel zur Verfügung hat.

Beispiel: Der Gesellschafter A hat seiner OHG ein Darlehen i.H.v. 20.000 € gewährt. Bei Fälligkeit des Rückzahlungsanspruchs ist die OHG nicht in der Lage, dem A die Darlehenssumme zurückzuzahlen und es ist auch nicht ersichtlich, dass sich an dieser Situation in den kommenden Monaten etwas ändern wird. Kann A seinen Mitgesellschafter B in Anspruch nehmen?

Anspruch A gegen B **aus § 488 Abs. 1 S. 2 BGB i.V.m. § 128 HGB** i.H.v. 10.000 €. B haftet gegenüber Gesellschafts-Gläubiger A für die Schuld der OHG aus § 128 HGB. Diese Haftung trifft jedoch aufgrund seiner eigenen Gesellschafterstellung auch den A, sodass er von seinem Mitgesellschafter nicht die volle Befriedigung seines Anspruchs verlangen kann, sondern sich gemäß § 242 BGB (dolo agit) seinen eigenen Verlustanteil (10.000 €) abziehen lassen.

II. Geschäftsführung bei der GbR, OHG, KG

Unter Geschäftsführung versteht man die auf die Verfolgung des Gesellschaftszwecks gerichtete Tätigkeit der Gesellschafter. Die Geschäftsführung kann sowohl in tatsächlichen als auch in rechtsgeschäftlichen Handlungen bestehen. **Ausgenommen sind die sogenannten Grundlagengeschäfte**, die die Grundlage der Gesellschaft – also den Gesellschaftsvertrag selbst – betreffen; diese bedürfen der Zustimmung aller Gesellschafter.

1. Geschäftsführungsbefugnis

Geschäftsführungsbefugnis
I. GbR:
■ grundsätzlich alle Aufgaben gemeinschaftlich, § 709 BGB – aber i.d.R. andere Regelung im Gesellschaftsvertrag
■ Ausnahme: Notgeschäftsführungsrecht, analog § 744 Abs. 2 BGB
II. OHG
■ gewöhnliche Aufgaben: jeder allein, §§ 115 Abs. 1, 116 Abs. 1 HGB
■ außergewöhnliche Aufgaben: gemeinschaftlicher Beschluss aller Gesellschafter, § 116 Abs. 2 HGB
■ Ausnahme: Notgeschäftsführungsrecht, analog § 744 Abs. 2 BGB
III. KG
■ Komplementäre: wie OHG-Gesellschafter
■ Kommanditisten: bei gewöhnlichen Aufgaben von Geschäftsführung ausgeschlossen, § 164 HGB; bei außergewöhnlichen Aufgaben: gemeinschaftlicher Beschluss aller Gesellschafter, § 116 Abs. 2 HGB
■ Ausnahme: Notgeschäftsführungsrecht, analog § 744 Abs. 2 BGB

Die Geschäftsführungsbefugnis verteilt die internen Verantwortlichkeiten und regelt, was der einzelne Gesellschafter im Innenverhältnis zu seinen Mitgesellschaftern vornehmen kann bzw. muss. Demgegenüber betrifft die Vertretungsmacht das Außenverhältnis der Gesellschaft zu Dritten und regelt, ob der einzelne Gesellschafter die Gesellschaft Dritten gegenüber wirksam verpflichten kann.

Hinweis: Ein und dieselbe Handlung kann sowohl Geschäftsführungs- als auch Vertretungsmaßnahme sein. Entscheidend für die Zuordnung ist der rechtliche Aspekt, unter dem die Maßnahme beurteilt wird: Geht es um die Frage, ob die Gesellschaft durch die Maßnahme gegenüber einem Dritten verpflichtet worden ist, handelt es sich um ein Problem der Vertretung. Ist dagegen fraglich, ob der Gesellschafter diese Maßnahme im Verhältnis zu der Gesellschaft und seinen Mitgesellschafter vornehmen durfte, geht es um die Geschäftsführungsbefugnis.

Beispiel: Der vertretungsberechtigte und geschäftsführungsbefugte Gesellschafter A der Blumengroßhandels-OHG kauft namens der OHG beim Lieferanten Blumenzwiebeln ein.

Der Ankauf der Blumenzwiebeln verpflichtet die OHG gegenüber dem Lieferanten im Außenverhältnis und ist daher eine Vertretungsmaßnahme, die der vertretungsberechtigte A vornehmen durfte. Gleichzeitig fördert A durch den Ankauf der Blumenzwiebeln den gemeinsamem Zweck der OHG, sodass auch eine Geschäftsführungsmaßnahme gegeben ist, die aber von seiner Geschäftsführungsbefugnis abgedeckt ist.

a) Geschäftsführungsbefugnis bei der GbR

Die Gesellschafter eine GbR können die Verteilung der Geschäftsführungsbefugnis im Gesellschaftsvertrag regeln. Dabei gilt wiederum der **Grundsatz der Selbstorganschaft**, der es verbietet, sämtliche Gesellschafter von der Geschäftsführung auszuschließen.

Haben die Gesellschafter keine Vereinbarung über die Geschäftsführungsbefugnis getroffen, so steht die Geschäftsführung den Gesellschaftern einer GbR **gemäß § 709 BGB** gemeinschaftlich zu. D.h., dass zu jeder Geschäftsführungsmaßnahme die Zustimmung aller Gesellschafter erforderlich ist **(Grundsatz der Gesamtgeschäftsführung)**.

b) Geschäftsführungsbefugnis bei OHG und KG

Auch die Gesellschafter einer OHG und KG können die Verteilung der Geschäftsführungsbefugnis im Gesellschaftsvertrag unter Beachtung des Grundsatzes der Selbstorganschaft, der es verbietet, sämtliche Gesellschafter von der Geschäftsführung auszuschließen, regeln.

Unterscheide: Vertretungsmacht ist eine Frage des Außenverhältnisses, die Geschäftsführungsbefugnis betrifft dagegen das Innenverhältnis!

!

Da Gesamtgeschäftsführungsbefugnis unpraktikabel ist, wird i.d.R. – zumindest durch konkludente Vereinbarung – eine abweichende Regelung getroffen.

Ist die Verteilung der Geschäftsführungsbefugnis nicht im Gesellschaftsvertrag geregelt, greifen die Regelungen gemäß §§ 114 ff. HGB (i.V.m. § 161 Abs. 2 HGB), § 164 HGB ein.

aa) Geschäftsführungsbefugnis eines Kommanditisten

Der Ausschluss der Kommanditisten von der organschaftlichen Vertretung gemäß § 170 HGB ist zwingend!

Die Kommanditisten einer KG sind **gemäß § 164 HGB** grundsätzlich von der Geschäftsführung **ausgeschlossen**. Gemäß § 163 HGB handelt es sich jedoch um eine dispositive Regelung, sodass ihnen im Gesellschaftsvertrag eine Geschäftsführungsbefugnis eingeräumt werden kann.

bb) Geschäftsführungsbefugnis der persönlich haftenden Gesellschafter

Gemäß § 114 Abs. 1 HGB (i.V.m. § 161 Abs. 2 HGB) sind grundsätzlich alle OHG-Gesellschafter bzw. Komplementäre zur Führung der Geschäfte der Gesellschaft befugt. Ob sie alleine tätig werden dürfen oder der Zustimmung der anderen Gesellschafter bedürfen, hängt jedoch von der konkreten Geschäftsführungsmaßnahme ab.

Der Widerspruch wirkt nur im Innenverhältnis!

- **Gewöhnliche Aufgaben** i.S.v. § 116 Abs. 1 HGB darf jeder Gesellschafter gemäß §§ 114 Abs. 1, 115 Abs. 1 Hs. 1 HGB allein vornehmen (**Einzelgeschäftsführungsbefugnis**). Es besteht allerdings für jeden geschäftsführungsbefugten Gesellschafter gemäß § 115 Abs. 1 Hs. 2 HGB ein **Widerspruchsrecht**. Macht einer der Gesellschafter von seinem Widerspruchsrecht Gebrauch, so muss diese Handlung unterbleiben.

- **Ungewöhnliche Aufgaben** bedürfen gemäß § 116 Abs. 2 HGB der **Zustimmung aller** Gesellschafter, also auch der Kommanditisten und der von der Geschäftsführung durch den Gesellschaftsvertrag ausgeschlossenen Gesellschafter.

Maßgeblich für die Geschäftsführungsbefugnis der persönlich haftenden Gesellschafter ist demnach die **Abgrenzung zwischen gewöhnlichen und ungewöhnlichen Geschäften**. Die Differenzierung muss sich in erster Linie am **Zweck der konkreten Gesellschaft** orientieren:

- Gewöhnliche Aufgaben sind solche, die der Betrieb gerade dieser Gesellschaft nach der Verkehrsanschauung gewöhnlich mit sich bringt. D.h. die Maßnahme entspricht dem Zweck der Gesellschaft und geht nicht über den üblichen Rahmen des Betriebs hinaus.

Beispiel: Der Geschäftsführer einer Blumengroßhandels-OHG kauft Blumen an.

■ Ungewöhnliche Aufgaben sind solche, die über den üblichen Rahmen des Unternehmens der konkreten Gesellschaft hinausgehen. D.h. die Maßnahme entspricht entweder nicht dem Zweck der Gesellschaft oder hat wegen des finanziellen Aufwands oder eines besonderen Risikos Ausnahmecharakter.

Beispiel: Der Geschäftsführer einer Blumengroßhandels-OHG kauft 1.000 Fahrräder an.

2. Verletzung der Geschäftsführerpflichten

Wenn ein Gesellschafter seine Geschäftsführungspflicht schuldhaft verletzt, ist er der Gesellschaft gemäß § 280 Abs. 1 BGB schadensersatzpflichtig. Umstritten ist, ob dies auch bei Überschreitung der Geschäftsführungsbefugnis gilt.

Beispiel: Der Gesellschafter A, der Blumengroßhandels-OHG wollte bei einem neuem Lieferanten – dem L – Pflanzen für die OHG kaufen. Sein Mitgesellschafter B war strikt dagegen, da er den L für unzuverlässig hält. A kauft trotz des Widerspruchs des B bei Lieferant L 1.000 Pflanzen an. Besteht ein Schadensersatzanspruch der OHG gegen A?

Anspruch OHG gegen A aus § 280 Abs. 1 BGB?

I. Ein wirksames Schuldverhältnis besteht aufgrund des wirksamen Gesellschaftsvertrags.

II. A könnte seine Geschäftsführungsbefugnis überschritten haben. Er war zwar gemäß § 114 Abs. 1 HGB grundsätzlich zur Geschäftsführung befugt und der Ankauf von Pflanzen ist ein gewöhnliches Geschäft i.S.v. § 116 Abs. 1 HGB, jedoch hätte er wegen des Widerspruchs des B gemäß § 115 Abs. 1 Hs. 2 HGB das Geschäft nicht abschließen dürfen, sodass er seine Geschäftsführungsbefugnis überschritten hat.

Es ist jedoch **umstritten, ob es sich bei Überschreitung der Geschäftsführungsbefugnis um eine Pflichtverletzung in Bezug auf den Gesellschaftsvertrag handelt**. Nach einer Ansicht handelt der Geschäftsführer bei der Überschreitung seiner Befugnisse außerhalb des Gesellschaftsvertrages, sodass keine Pflichtverletzung in Bezug auf den Gesellschaftsvertrag gegeben sei, sondern die Regeln über die Geschäftsführung ohne Auftrag gemäß §§ 677, 678 BGB anzuwenden seien. Nach h.M. handelt es bei Überschreitung der Geschäftsführungsbefugnis um eine Pflichtverletzung in Bezug auf den Gesellschaftsvertrag, da sich die Rechte und Pflichten des Geschäftsführers aus dem Gesellschaftsvertrag ergeben, den er bei Überschreitung verletze. Da sich die Grenzen der Befugnisse des Geschäftsführers aus dem im Gesellschaftsvertrag festgelegten Zweck ergeben, erscheint es überzeugender, mit der h.M. bei Überschreitung der Geschäftsführungsbefugnis von einer Pflichtverletzung in Bezug auf den Gesellschaftsvertrag auszugehen.

!

III. Eine Exkulpation scheidet bei Handel in Kenntnis des Widerspruchs eines Mitgesellschafters aus, sodass die OHG von A gemäß § 280 Abs. 1 BGB Schadensersatz verlangen kann.

Da die Gesellschafter einer Personengesellschaft eine persönliche Nähebeziehung zueinander begründen, ist der **Haftungsmaßstab gemäß § 708 BGB** (i.V.m. §§ 105 Abs. 3, 161 Abs. 2 HGB) auf die Verletzung der **eigenüblichen Sorgfalt** reduziert. Daher kann sich ein Gesellschafter im Rahmen der leichten und normalen Fahrlässigkeit auf seinen persönlichen Sorgfaltsmaßstab berufen, während er gemäß § 277 BGB ab grober Fahrlässigkeit grundsätzlich haftet.

! **Umstritten ist, ob § 708 BGB auch bei Überschreitung der Geschäftsführungsbefugnis anwendbar ist.**

■ Zum Teil wird die Anwendung des § 708 BGB abgelehnt, da die Regelung ein Handeln „bei Erfüllung der ihm obliegenden Verpflichtungen" verlange und der Gesellschafter bei der Überschreitung nicht in Erfüllung der obliegenden Aufgabe handele.

■ Nach a.A. kommt § 708 BGB auch bei Überschreitung der Geschäftsführungsbefugnis zur Anwendung, da die Gesellschafter sich nach dem Sinn und Zweck der Norm generell so akzeptieren sollen, wie sie sind.

■ Nach h.Rspr. gehört die Prüfung der Befugnisse zu den Aufgaben des Geschäftsführers, sodass er bei der Falschbeurteilung seiner Kompetenzen in Erfüllung der ihm obliegenden Aufgabe handele und § 708 BGB daher anwendbar sei.

1. Was ist ein Sozialanspruch?

1. Ein Sozialanspruch ist ein Anspruch der Gesellschaft gegen ihren Gesellschafter aus dem Gesellschaftsverhältnis, z.B. der Anspruch auf Leistung des Beitrags.

2. Was ist eine Sozialverpflichtung?

2. Eine Sozialverpflichtung ist die Pflicht, die die Gesellschaft gegenüber dem einzelnen Gesellschafter aus dem Gesellschaftsverhältnis hat. Dazu gehören z.B. die Pflicht zur Auszahlung des Gewinnanteils und die Pflicht, Aufwendungen der Gesellschafter zu ersetzen.

3. Was ist die actio pro socio?

3. Die actio pro socio (Klage für den Gesellschafter) ist das gewohnheitsrechtlich anerkannte Institut, dass die Sozialansprüche in Notsituationen – wenn es also keine andere Möglichkeit der Geltendmachung gibt – von jedem Gesellschafter – unabhängig von Geschäftsführungsbefugnis und Vertretungsberechtigung geltend gemacht werden können. Bei der actio pro socio klagt der Gesellschafter nicht als Vertreter der Gesellschaft, sondern im eigenen Namen, aber nicht auf Leistung an sich, sondern auf Leistung an die Gesellschaft.

4. Was ist Geschäftsführung?

4. Unter Geschäftsführung versteht man die auf die Verfolgung des Gesellschaftszwecks gerichtete Tätigkeit der Gesellschafter. Die Geschäftsführung kann sowohl in tatsächlichen als auch in rechtsgeschäftlichen Handlungen bestehen.

5. Was ist eine gewöhnliche bzw. ungewöhnliche Aufgabe i.S.v. § 116 Abs. 1, 2 HGB?

5. Gewöhnliche Aufgaben sind solche, die der Betrieb der konkreten Gesellschaft nach der Verkehrsanschauung gewöhnlich mit sich bringt. D.h. die Maßnahme entspricht dem Zweck der Gesellschaft und geht nicht über den üblichen Rahmen des Betriebs hinaus. Ungewöhnliche Aufgaben sind solche, die über den üblichen Rahmen des Unternehmens der konkreten Gesellschaft hinausgehen. D.h. die Maßnahme entspricht entweder nicht dem Zweck der Gesellschaft oder hat wegen des finanziellen Aufwands oder eines besonderen Risikos Ausnahmecharakter.

121

D. Veränderungen im Personenbestand

Die personelle Zusammensetzung einer Gesellschaft kann dadurch verändert werden, dass ein Gesellschafter ausscheidet oder ein neuer Gesellschafter eintritt. Es kann auch eine Kombination der Vorgänge erfolgen, indem ein neuer Gesellschafter an die Stelle eines alten Gesellschafters tritt.

I. Ausscheiden eines Gesellschafters

Personengesellschaften beruhen auf dem persönlichen Vertrauen der Mitglieder untereinander und sind daher – im Gegensatz zu den Körperschaften – grundsätzlich von ihrem Mitgliederbestand abhängig. Dieser Grundsatz gilt nach wie vor uneingeschränkt für die GbR, bei der z.B. der Tod eines Gesellschafters grundsätzlich zur Auflösung der Gesellschaft führt, vgl. § 727 BGB. Demgegenüber ist dieser Grundsatz für die Personenhandelsgesellschaften erheblich dadurch eingeschränkt worden, dass die in der Person des Gesellschafters begründeten Umstände – wie z.B. Tod oder Kündigung – nicht mehr zur Auflösung, sondern lediglich zum Ausscheiden des Gesellschafters führen, vgl. § 131 Abs. 3 S. 1 HGB.

Diese Veränderungen wurden durch die Handelsrechtsreform vom 01.07.1998 herbeigeführt.

1. Ausscheidensgründe

Das Ausscheiden eines Gesellschafters kann auf gesetzlichen Gründen beruhen oder vertraglich vereinbart werden. Darüber hinaus kann ein Gesellschafter auch aus der Gesellschaft ausgeschlossen werden.

a) Gesetzliche Ausscheidensgründe

Bei OHG und KG führen folgende Gründe kraft Gesetzes zum Ausscheiden dieses Gesellschafters:

- **Tod des Gesellschafters**, § 131 Abs. 3 S. 1 Nr. 1 HGB (i.V.m. § 161 Abs. 2 HGB)

- die **Eröffnung des Insolvenzverfahrens über das Vermögen des Gesellschafters**, § 131 Abs. 3 S. 1 Nr. 2 HGB (i.V.m. § 161 Abs. 2 HGB)

- die **Kündigung des Gesellschafters**, § 131 Abs. 3 S. 1 Nr. 3 HGB (i.V.m. § 161 Abs. 2 HGB)

- die **Kündigung durch den Privatgläubiger des Gesellschafters**, § 131 Abs. 3 S. 1 Nr. 4 HGB (i.V.m. § 161 Abs. 2 HGB)

Bei der GbR führen alle diese Umstände grundsätzlich zur Auflösung der Gesellschaft, vgl. §§ 723, 725, 727, 728 BGB. Allerdings kann im Gesellschaftsvertrag vereinbart werden, dass die Gesellschaft von den übrigen Gesellschaftern fortgeführt werden soll, wenn ein Gesellschafter kündigt oder stirbt oder das Insolvenzverfahren über sein Vermögen eröffnet wird, vgl. § 736 BGB, oder wenn eine Kündigung durch den Privatgläubiger eines Gesellschafters erfolgt, § 736 BGB analog. Ist eine derartige Fortsetzungsklausel vereinbart worden, führt der Eintritt des entsprechenden Ereignisses lediglich zum Ausscheiden des betroffenen Gesellschafters.

§ 736 BGB ist nach seinem Wortlaut bei Kündigung, Tod oder Eröffnung des Insolvenzverfahrens über das Vermögen des Gesellschafters anwendbar. Er gilt analog für Fortsetzungsvereinbarungen im Falle des Eintritts anderer Auflösungsgründe.

Beispiel: A, B und C betreiben einen kleinen Kiosk in Form einer GbR. Im Gesellschaftsvertrag ist vereinbart, dass die Gesellschaft von den übrigen Gesellschaftern fortgeführt werden soll, wenn einer von ihnen stirbt. Im Dezember 2016 verstirbt A und wird von seinem Sohn S beerbt.

Aufgrund der Vereinbarung im Gesellschaftsvertrag wird die GbR durch den Tod des A nicht aufgelöst, sondern von B und C fortgeführt. Da es sich bei der Gesellschafterstellung in einer Personengesellschaft um eine höchstpersönliche und daher unvererbliche Rechtsposition handelt, geht die Gesellschafterstellung des verstorbenen A nicht gemäß § 1922 BGB auf den S als Erbe des A über.

b) Vertragliche Ausscheidensgründe

Im Gesellschaftsvertrag können von den Gesellschaftern **weitere Fälle** festgelegt werden, die zum Ausscheiden eines Gesellschafters führen, § 131 Abs. 3 S. 1 Nr. 5 HGB, § 736 BGB (analog).

Beispiel: Ein Gesellschafter scheidet mit dem Erreichen des 70. Lebensjahres automatisch aus der Gesellschaft aus.

Darüber hinaus können die Gesellschafter einen **gemeinschaftlichen Beschluss über das einverständliche Ausscheiden** eines Gesellschafters fassen, § 131 Abs. 3 S. 1 Nr. 6 HGB, § 736 BGB analog.

c) Ausschluss eines Gesellschafters

Gemäß § 140 HGB (i.V.m. § 161 Abs. 2 HGB) kann bei einer OHG oder KG ein Gesellschafter durch gerichtliche Entscheidung auf Antrag der übrigen Gesellschafter ausgeschlossen werden, wenn in seiner Person ein **wichtiger Grund i.S.v. § 133 HGB** eingetreten ist.

Ein solcher Ausschluss kann bei der GbR gemäß § 737 BGB auch ohne gerichtliche Entscheidung durch Beschluss der übrigen Gesellschafter herbeigeführt werden, wenn in der Person des betroffenen Gesellschafters ein wichtiger Grund i.S.v. § 723 Abs. 1 S. 2 BGB eingetreten ist und die Gesellschafter für diesen Fall eine Fortsetzungsklausel vereinbart haben.

Nach h.M. besteht keine Zustimmungspflicht der übrigen Gesellschafter zum Ausschluss eines Gesellschafters.

!

Umstritten ist sowohl bei § 140 HGB als auch bei § 737 BGB, **welche Anforderungen an den Ausschlussgrund zu stellen sind.**

- Nach **h.Lit.** ist wegen des eindeutigen Wortlauts der Ausschlussregelungen **jeder wichtige Grund** i.S.v. § 133 HGB bzw. § 723 Abs. 1 S. 2 BGB ausreichend.

- Nach **h.Rspr.** muss es sich um einen **besonders wichtigen Grund** handeln, da der Ausschluss – im Gegensatz zur Auflösung einer Gesellschaft – nicht alle Gesellschafter gleichermaßen betrifft, sondern allein für den betroffenen Gesellschafter den Verlust künftiger Gewinnbeteiligungen bedeutet.

2. Die Auswirkungen des Ausscheidens

Nach dem in § 738 Abs. 1 S. 1 BGB (i.V.m. §§ 105 Abs. 3, 161 Abs. 2 HGB) geregelten **„Anwachsungsprinzip"** verliert der ausscheidende Gesellschafter automatisch seine Gesellschafterstellung und sein Anteil am Gesellschaftsvermögen wächst den übrigen Gesellschaftern zu.

Im Gegenzug erhält der ausgeschiedene Gesellschafter gegen die Gesellschaft gemäß § 738 Abs. 1 S. 2 BGB (i.V.m. §§ 105 Abs. 3, 161 Abs. 2 HGB) **schuldrechtliche Ansprüche:**

- auf **Rückgabe von Gegenständen**, die er der Gesellschaft zur Benutzung überlassen hat,

Im Außenverhältnis haftet der ausgeschiedene Gesellschafter zum Schutz der Gläubiger weiter, vgl. § 160 HGB (i.V.m. § 736 Abs. 2 BGB). Im Innenverhältnis besteht für eine Weiterhaftung kein Grund, daher kann er Schuldbefreiung verlangen!

- auf **Schuldbefreiung** von gemeinschaftlichen Schulden sowie

- auf **Abfindung**.

Der Abfindungsanspruch richtet sich gemäß § 738 Abs. 1 S. 2 BGB auf dasjenige, was dem Gesellschafter auszuzahlen wäre, wenn die Gesellschaft zur Zeit seines Ausscheidens aufgelöst worden wäre. D.h. es wird der Wert des gesamten Unternehmens ermittelt und ergibt sich i.d.R. aus dem Preis, der bei einem Verkauf des Unternehmens erzielt werden würde, sogenannter **Ertragswert**. Dieser Wert wird dann nach dem Gewinnverteilungsschlüssel auf die Gesellschafter verteilt.

Beispiel: A, B und C betreiben eine OHG. Den Gewinn teilen sie sich gleichberechtigt. A scheidet zum Ende des Jahres 2016 auf gemeinschaftlichen Beschluss der Gesellschafter einständlich aus der OHG aus. Der Ertragswert beläuft sich zu diesem Zeitpunkt auf 900.000 €.

A kann von der OHG gemäß § 738 Abs. 1 S. 2 BGB i.V.m. § 105 Abs. 3 HGB die Zahlung von 300.000 € verlangen.

Da der Abfindungsanspruch des ausgeschiedenen Gesellschafters dazu führt, dass **Kapital aus der Gesellschaft abfließt**, ist dieser Anspruch **für die Existenz der Gesellschaft gefährlich**. Daher sind vertragliche Abfindungsbeschränkungen üblich, die den Kapitalabfluss einschränken und die Berechnung des Abfindungsanspruchs vereinfachen.

!

Beispiel: Buchwertklauseln, nach denen sich der Abfindungsanspruch nach dem Bilanzwert – also ohne stille Reserven und Firmenwert – richtet.

II. Eintritt in die GbR, OHG, KG durch Vertrag

Der Eintritt eines neuen Gesellschafters erfolgt i.d.R. durch Abschluss eines Gesellschafts-(Aufnahme-)Vertrags mit den bisherigen Gesellschaftern. Im Aufnahmevertrag wird geregelt, welche Stellung der Eintretende in der Gesellschaft erhalten soll und welche Leistung er dafür zu erbringen hat. Der eintretende Gesellschafter erhält mit seinem Eintritt automatisch die schuldrechtlichen Mitgliedschaftsrechte sowie eine dingliche Beteiligung am Gesellschaftsvermögen, § 738 Abs. 1 S. 1 BGB analog.

Der Eintritt kann aber auch dadurch erfolgen, dass der neue Gesellschafter den Anteil eines bisherigen Gesellschafters übernimmt (dazu III.) oder Erbe eines Gesellschafters ist (dazu IV.).

III. Gesellschafterwechsel durch Vertrag

Ein Gesellschafterwechsel – ein neuer Gesellschafter tritt an die Stelle eines bisherigen – kann rechtsgeschäftlich durch einen Doppelvertrag oder durch Abtretung des Gesellschaftsanteils erfolgen.

1. Gesellschafterwechsel durch Doppelvertrag

Bei dem Gesellschafterwechsel durch Doppelvertrag schließen ausscheidender und eintretender Gesellschafter jeweils einen gesonderten Vertrag über das Ausscheiden bzw. den Beitritt mit allen übrigen Gesellschaftern. Durch die zeitliche Übereinstimmung der Verträge wird ein Gesellschafteraustausch bewirkt.

Beispiel: A, B und C betreiben einen Getränkehandel in Form einer OHG. A und B vereinbaren mit C, dass er zum Ende des Jahres 2016 ausscheidet; gleichzeitig vereinbaren sie mit D, dass dieser zu Beginn des Jahres 2017 in die OHG eintritt.

Durch die beiden Vertragsabschlüsse wird (Alt-)Gesellschafter C durch (Neu-)Gesellschafter D ersetzt, ohne dass zwischen den beiden eine Rechtsbeziehung besteht.

2. Gesellschafterwechsel durch Abtretung eines Gesellschaftsanteils

Bei einem Gesellschafterwechsel durch Abtretung des Gesellschaftsanteils überträgt der ausscheidende Gesellschafter seinen Gesellschaftsanteil auf den eintretenden Gesellschafter gemäß §§ 398, 413 BGB. Wegen der persönlichen Nähebeziehung im Rahmen einer Personengesellschaft ist eine solche Abtretung des Gesellschaftsanteils **nur zulässig, wenn alle Gesellschafter zustimmen**.

! Bei **Abtretung eines Kommanditanteils** sollten die Beteiligten darauf achten, dass **im Handelsregister ein Rechtsnachfolgevermerk eingetragen** wird.

- Ist der Rechtsnachfolgevermerk im Handelsregister eingetragen und die Einlage erbracht, haftet weder der neue noch der alte Gesellschafter, da durch die Eintragung des Rechtsnachfolgevermerks dem Rechtsverkehr mitgeteilt worden ist, dass durch den Gesellschafterwechsel keine Erhöhung der Haftsumme erfolgt.

- Ist im Handelsregister kein Rechtsnachfolgevermerk eingetragen, entsteht für den Rechtsverkehr der Eindruck, dass es durch die Abtretung des Gesellschaftsanteils zu einer Verdopplung der Haftsumme gekommen ist – es muss sich die Einlage des alten und des neuen Kommanditisten im Gesellschaftsvermögen befinden. Tatsächlich befindet sich die Einlage jedoch nur einmal im Gesellschaftsvermögen. Die Rechtsnachfolge kann dem Rechtsverkehr gemäß § 15 Abs. 1 HGB nicht entgegensetzt werden und nach h.M. haftet der ausgeschiedene Kommanditist den Gläubigern gemäß § 172 Abs. 4 HGB analog.

Sowohl Eintritt als auch Ausscheiden sind eintragungspflichtige Tatsachen, vgl. § 107 HGB bzw. § 143 Abs. 2 HGB (i.V.m. § 161 Abs. 2 HGB).

IV. Nachfolge bei Tod eines Gesellschafters

Bei Tod eines Personengesellschafters muss geklärt werden, wie sich dieser Umstand auf den Bestand der Gesellschaft auswirkt und wie diese im Falle ihres Fortbestehens zusammengesetzt ist.

1. Auswirkungen des Todes eines Gesellschafters auf den Bestand der Gesellschaft

Gemäß § 727 Abs. 1 BGB führt der Tod eines Gesellschafters bei einer GbR grundsätzlich zur Auflösung der Gesellschaft, es sei denn, die Gesellschafter haben für diesen Fall eine Fortsetzungsklausel vereinbart, § 736 BGB.

Demgegenüber führt der Tod eines Gesellschafters bei einer OHG und einer KG gemäß § 131 Abs. 3 S. 1 Nr. 1 HGB (i.V.m. § 161 Abs. 2 HGB) grundsätzlich nur zum Ausscheiden des verstorbenen Gesellschafters. Eine Auflösung der Gesellschaft erfolgt jedoch, wenn nach dem Tod des Gesellschafters nur noch eine Person übrig ist oder wenn die Gesellschafter für diesen Fall die Auflösung vereinbart haben.

2. Zusammensetzung der Gesellschaft bei Fortbestehen nach Tod eines Gesellschafters

Zusammensetzung der Gesellschaft bei Tod
I. Grundsatz: Fortbestand der Gesellschaft unter den übrigen Gesellschaftern – muss bei GbR durch Vereinbarung im Gesellschaftsvertrag geregelt werden (= **echte oder reine Fortsetzungsklausel**)
II. Ausnahme:
▪ **§ 177 HGB**: beim Tod eines Kommanditisten Nachfolge durch dessen Erben
▪ sonst **Regelung im Gesellschaftsvertrag**:
▪ **Eintrittsklausel**: Ein Nicht- oder Mitgesellschafter erhält das Recht, durch Erklärung in die Gesellschafterstellung des Verstorbenen einzutreten
▪ **Nachfolgeklausel**: Eine andere Person rückt automatisch in die Gesellschafterstellung des Verstorbenen ein.
– **erbrechtliche Nachfolgeklausel:** Der Eintritt der anderen Person vollzieht sich durch Erbfolge
– **rechtsgeschäftliche Nachfolgeklausel**: Der Eintritt der anderen Person vollzieht sich durch Gesellschaftsvertrag.

a) Grundsatz

Wenn eine Personengesellschaft nach dem Tod eines Gesellschafters fortbesteht, so wird sie grundsätzlich von den übrigen Gesellschaftern fortgeführt.

▪ Das ergibt sich für OHG und KG aus der gesetzlichen Anordnung des § 131 Abs. 3 S. 1 Nr. 1 HGB (i.V.m. § 161 Abs. 2 HGB), nach der der verstorbene Gesellschafter aus der Gesellschaft ausscheidet.

■ Bei einer GbR muss eine entsprechende Vereinbarung über Fortsetzung und Zusammensetzung vorliegen. Vereinbaren die Gesellschafter, dass die Gesellschaft bei Tod eines von ihnen von den übrigen Gesellschaftern fortgeführt werden soll, so liegt eine **„reine"** oder **„echte Fortsetzungsklausel"** vor. Eine solche Abrede kann bereits im Gesellschaftsvertrag vereinbart werden, sie kann aber auch unter Mitwirkung der Erben des Verstorbenen nach dessen Tod beschlossen werden.

Die Gesellschafter können den Abfindungsanspruch der Erben ausschließen, um den Kapitalabfluss zu verhindern und die Existenz der Gesellschaft zu sichern!

Wird eine Personengesellschaft nach dem Tod eines Gesellschafters von den übrigen Gesellschaftern fortgeführt, ergeben sich folgende **rechtliche Konsequenzen**:

■ Der verstorbene Gesellschafter scheidet aus der Gesellschaft aus und sein Anteil wächst den verbleibenden Gesellschaftern gemäß **§ 738 Abs. 1 S. 1 BGB** (i.V.m. §§ 105 Abs. 3, 161 Abs. 2 HGB) zu.

■ Den Erben des verstorbenen Gesellschafters stehen die schuldrechtlichen Ansprüche gemäß § 738 Abs. 1 S. 2 BGB (i.V.m. §§ 105 Abs. 3, 161 Abs. 2 HGB) i.V.m. § 1922 BGB – **insbesondere der Anspruch auf Auszahlung des Abfindungsguthabens** – zu.

b) Ausnahmen

aa) Tod eines Kommanditisten

Die Regelung des § 177 HGB ordnet an, dass bei Tod eines Kommanditisten die Gesellschaft mit dessen Erben fortgeführt wird, wenn im Gesellschaftsvertrag nichts Abweichendes vereinbart wurde.

Beispiel: Die Komplementäre A und B betreiben mit dem Kommanditisten K eine KG. K stirbt und wird von seinem Sohn S beerbt.

Sollte der Erbe des Kommanditisten die Übernahme der Kommanditistenstellung nicht wünschen, kann er die Erbschaft ausschlagen, vgl. §§ 1944, 1945 BGB.

Gemäß § 177 HGB übernimmt S als Erbe des verstorbenen K dessen Rechtsposition als Kommanditist der KG, sodass die KG nach dem Tod des K in der Zusammensetzung A, B und S fortbesteht.

Dadurch dass der oder die Erbe(n) des Kommanditisten in die Stellung des Erblassers als Kommanditist eintreten, scheidet der Gesellschaftsanteil des Verstorbenen nicht aus der Gesellschaft aus, sodass auch **keine Abfindungsansprüche** gemäß § 738 Abs. 1 S. 2 BGB i.V.m. § 1922 BGB **entstehen**.

! *Hinweis: Der Vorteil der Regelung des § 177 HGB besteht für die KG und deren verbleibende Gesellschafter darin, dass keine Abfindungsansprüche entstehen, also kein Kapital abfließt. Nachteilig ist, dass*

durch die Erben des Kommanditisten Personen in die Gesellschaft ge-
langen, die die übrigen Gesellschafter nicht persönlich als Mitgesell-
schafter ausgesucht haben und mit denen sie daher kein persönliches
Näheverhältnis verbindet. Dies erscheint zum einen angesichts der
eingeschränkten Befugnisse eines Kommanditisten zumutbar, zum
anderen könnten die Gesellschafter, wenn sie diese Folge absolut nicht
wünschen, die Regelung des § 177 HGB abbedingen.

bb) Vertragliche Vereinbarungen über die Zusammensetzung der Gesellschaft

Die Gesellschafter können vertragliche Vereinbarungen darüber treffen, wie die Gesellschaft nach dem Tod eines Gesellschafters zusammengesetzt sein soll. Dabei bestehen verschiedene Gestaltungsmöglichkeiten:

■ Eintrittsklausel, dazu unter (1)

■ Nachfolgeklausel, dazu unter (2)

(1) Eintrittsklausel

Bei einer sogenannten Eintrittsklausel vereinbaren die Gesellschafter, dass bei Tod eines Gesellschafters eine dritte Person, bei der es sich um einen Nicht- oder Mitgesellschafter handeln kann, **das Recht erhält**, in die Gesellschaft einzutreten.

Dogmatisch handelt es sich bei der Eintrittsklausel um einen Vertrag zugunsten Dritter auf den Todesfall gemäß §§ 328, 331 BGB.

Der Bedachte erhält durch die Eintrittsklausel einen **schuldrechtlichen Anspruch auf Aufnahme in die Gesellschaft**. Er ist folglich berechtigt, aber nicht verpflichtet, nach dem Tod des verstorbenen Gesellschafters in die Gesellschaft einzutreten. Aufgrund seines Wahlrechts ist die Eintrittsklausel zivilrechtlich unbedenklich, da dem Bedachten keine Rechtsposition gegen seinen Willen aufgedrängt wird.

Nach dem Tod des Gesellschafters bestehen bei einer Eintrittsklausel zwei Möglichkeiten:

■ Der Bedachte verlangt Aufnahme in die Gesellschaft. Jetzt müssen die verbleibenden Gesellschafter mit ihm einen Gesellschaftsvertrag über seine Aufnahme in die Gesellschaft abschließen.

■ Wenn der Bedachte nicht in die Gesellschaft eintreten möchte, wird die Gesellschaft von den übrigen Gesellschaftern fortgeführt.

Beispiel: A, B und C haben in ihrer OHG vereinbart, dass bei Tod des C der D das Recht erhalten soll, die Gesellschafterstellung des C zu übernehmen. Nach dem Tod des C erklärt D, er habe kein Interesse am Eintritt in die Gesellschaft.

Der verstorbene C ist mit seinem Tod aus der Gesellschaft ausgeschieden und sein Anteil ist den verbleibenden Gesellschaftern A und B gemäß § 738 Abs. 1 S. 1 BGB i.V.m. § 105 Abs. 3 HGB angewachsen. Den Erben des C stehen die schuldrechtlichen Ansprüche gemäß § 738 Abs. 1 S. 2 BGB i.V.m. § 105 Abs. 3 HGB i.V.m. § 1922 BGB – insbesondere der Anspruch auf Auszahlung des Abfindungsguthabens – zu.

!   *Hinweis: Nachteil einer Eintrittsklausel ist, dass die verbleibenden Gesellschafter nicht wissen, ob der Bedachte von seinem Eintrittsrecht Gebrauch machen wird.*

(2) Nachfolgeklausel

Bei einer sogenannten Nachfolgeklausel vereinbaren die Gesellschafter, dass eine dritte Person, bei der es sich um einen Nicht- oder Mitgesellschafter handeln kann, **automatisch** in die Gesellschafterstellung des Verstorbenen einrückt.

(a) Rechtsgeschäftliche Nachfolgeklausel

Wenn im Gesellschaftsvertrag bereits eine bestimmte Person – unabhängig von ihrer Erbenstellung – als Nachfolger vorgesehen ist, handelt es sich um eine **rechtsgeschäftliche Nachfolgeklausel**.

Anderenfalls handelt es sich um einen unwirksamen Vertrag zu Lasten eines Dritten.

Da eine Gesellschafterstellung mit Pflichten – wie – z.B. der Haftung für Verbindlichkeiten – verbunden ist und der Eintritt des Bedachten automatisch mit dem Tod des verstorbenen Gesellschafters erfolgt, ist eine rechtsgeschäftliche Nachfolgeklausel **nur wirksam, wenn der Bedachte ihr zugestimmt hat**.

Ein **Nichtgesellschafter** kann bis zum Tod des Gesellschafters, dessen Nachfolger er werden soll, auf die Geschicke der Gesellschaft keinen Einfluss nehmen. Er soll jedoch mit dem Tod des verstorbenen Gesellschafters automatisch dessen Gesellschafterstellung übernehmen, die evtl. mit der Haftung für sehr hohe Verbindlichkeiten verbunden ist. Diese Situation stellt für den Nichtgesellschafter wegen seiner fehlenden Einflussnahmemöglichkeit bis zum Tod des anderen ein unkalkulierbares Risiko dar, sodass er seine Zustimmung zu einer rechtsgeschäftlichen Nachfolgeklausel i.d.R. nicht erteilen wird.

Demgegenüber hat ein **Mitgesellschafter** bis zum Tod des anderen Gesellschafters durch seine Mitgliedschaft in der Gesellschaft bereits die Möglichkeit, auf die Geschäfte der Gesellschaft Einfluss zu nehmen, sodass eine rechtsgeschäftliche Nachfolgeklausel für einen Mitgesellschafter ein kalkulierbares Risiko ist und er sich daher auf eine derartige Vereinbarung einlassen wird.

*Hinweis: Der Vorteil einer rechtsgeschäftlichen Nachfolgeklausel besteht darin, dass alle Beteiligten Rechtssicherheit darüber haben, was im Falle des Todes des Gesellschafters passiert. Der Nachteil für den – später versterbenden – Gesellschafter besteht darin, dass er durch die Vereinbarung der Nachfolge im Gesellschaftsvertrag eine **rechtliche Bindung** eingeht, die er nicht mehr einseitig aufheben kann, da der Eintritt des Bedachten allein auf vertraglicher Grundlage basiert und von einer Erbenstellung unabhängig ist.*

Die rechtliche Bindung des Erblassers tritt bei einer rechtsgeschäftlichen Nachfolgeklausel bereits mit Aufnahme der Klausel im Gesellschaftsvertrag ein!

(b) Erbrechtliche Nachfolgeklausel

Bei einer erbrechtlichen Nachfolgeklausel wird **im Gesellschaftsvertrag bestimmt, dass an die Stelle des Verstorbenen dessen Erbe(n) treten soll(en)**.

Es wird also im Gesellschaftsvertrag vereinbart, dass die höchstpersönliche und daher an sich unvererbliche Gesellschafterstellung des Erblasser vererblich ist und es wird nach dem Tode des Gesellschafters derjenige Nachfolger, der Erbe des Verstorbenen geworden ist.

Da der Erblasser aufgrund der Testierfreiheit bis zu seinem Tod den Erben frei bestimmen kann, tritt für ihn **zu Lebzeiten noch keine Bindungswirkung** ein. Im Gesellschaftsvertrag wird nur der Gesellschaftsanteil des Erblassers vererblich gestellt und die konkrete Nachfolge vollzieht sich dann nach der gesetzlichen oder gewillkürten Erbfolge.

Der zum Nachfolger berufene Erbe kann die Erbschaft ausschlagen, wenn er nicht Gesellschafter werden möchte, §§ 1944 ff. BGB; zudem hat er gemäß **§ 139 Abs. 1 HGB** das Recht, von den übrigen Gesellschaftern die Einräumung einer **Kommanditistenstellung zu verlangen**, wenn er kein unbeschränkt haftender Gesellschafter werden möchte; bei Ablehnung dieses Wunsches durch die übrigen Gesellschafter kann der Erbe ohne Einhaltung einer Kündigungsfrist aus der Gesellschaft ausscheiden, § 139 Abs. 2 HGB. Für die Geltendmachung seiner Rechte hat der Erbe gemäß § 139 Abs. 3 HGB drei Monate ab Kenntnis vom Anfall der Erbschaft Zeit und gemäß § 139 Abs. 4 HGB haftet er für die Verbindlichkeiten, die bis dahin begründet werden nur nach erbrechtlichen Regeln, d.h. er haftet zwar unbeschränkt, hat aber die Möglichkeit, seine Haftung auf den Nachlass zu beschränken. Aufgrund dieser Möglich-

Bei einer erbrechtlichen Nachfolgeklausel tritt keine Bindung der Erblassers zu Lebzeiten ein, sondern erst ab dem Erbfall!

keiten stellt eine erbrechtliche Nachfolgeklausel aus Sicht des Erben keine unzumutbare Beeinträchtigung seiner Rechtsstellung dar.

Die erbrechtliche Nachfolgeklausel kann verschieden ausgestaltet werden:

- einfache erbrechtlichen Nachfolgeklausel, dazu unter (aa)
- qualifizierte erbrechtliche Nachfolgeklausel, dazu unter (bb)

(aa) Einfache erbrechtliche Nachfolgeklausel

Bei einer einfachen erbrechtlichen Nachfolgeklausel wird im Gesellschaftsvertrag vereinbart, dass **jeder Erbe automatisch Gesellschafter** wird.

Diese Vereinbarung ist bei einem Alleinerben unproblematisch.

Beispiel: A, B und C vereinbaren, dass ihre OHG nach dem Tod des C mit dessen Erben fortgesetzt wird. Nach dem Tod des C findet sich ein Testament, nach dessen Inhalt Sohn S Alleinerbe ist.

Aufgrund der einfachen erbrechtlichen Nachfolgeklausel übernimmt S mit dem Tod des C automatisch dessen Gesellschafterstellung, sodass die Gesellschaft nunmehr aus A, B und S besteht.

Die erbrechtliche Nachfolgeklausel führt aber zu Problemen, wenn der Erblasser von mehreren Erben beerbt wird: Nach dem **Grundsatz der Universalsukzession** geht das Vermögen des Erblassers gemäß § 1922 BGB als Ganzes auf den oder die Erben über, sodass nach dieser erbrechtlichen Regelung der Gesellschaftsanteil des Erblassers nach dessen Tod den Miterben gemeinschaftlich zur gesamten Hand zusteht, § 2032 BGB.

Dies **kollidiert** aus mehreren Aspekten **mit dem Gesellschaftsrecht**: Die Erbengemeinschaft ist nach § 2042 BGB auf Auflösung gerichtet, die Gesellschaft dagegen auf Dauer angelegt. Die Beschlussfassung in einer Erbengemeinschaft erfolgt gemäß § 2038 BGB grundsätzlich gemeinschaftlich, was bei Uneinigkeit der Miterben zur Handlungsunfähigkeit der Gesellschaft führen kann. Ferner haften Miterben vor der Auseinandersetzung der Erbengemeinschaft gemäß § 2059 BGB unbeschränkt, aber beschränkbar auf den Nachlass, was mit der unbeschränkten Gesellschafterhaftung unvereinbar ist. Darüber hinaus geht § 139 Abs. 1 HGB, wonach „jeder Erbe" sein Verbleiben in der Gesellschaft von bestimmten Voraussetzungen abhängig machen kann, davon aus, dass dieses Recht jedem Erben persönlich zusteht und nicht der Erbengemeinschaft zusammen.

Infolgedessen besteht Einigkeit, dass der Grundsatz der Universalsukzession durchbrochen wird und der Gesellschaftsanteil im Wege der **Singularsukzession** (Einzelrechtsnachfolge) auf die jeweiligen Nachfolger übergeht.

Beispiel: A, B und C vereinbaren, dass ihre OHG nach dem Tod des C mit dessen Erben fortgesetzt wird. Nach dem Tod des C findet sich ein Testament, nach dessen Inhalt seine Kinder S und T ihn je zu 1/2 beerben.

Nach dem Tod des C übernehmen aufgrund der erbrechtlichen Nachfolgeklausel S und T als Erben ihres Vaters automatisch dessen Gesellschaftsanteil. Sie bekommen den Anteil jedoch nicht gemeinsam zur gesamten Hand, sondern jeder von ihnen erhält seinen Anteil im Wege der Singularsukzession. Demnach besteht die OHG nach dem Tod des C aus A, B mit einem Anteil von jeweils 1/3 und S und T mit einem Anteil von jeweils 1/6.

Hinweis: Vorteil der erbrechtlichen Nachfolgeklausel ist für den Gesellschafter, um dessen Nachfolge es geht, dass er über das Erbrecht bis zu seinem Tod die Einflussnahmemöglichkeit behält, also zu Lebzeiten nicht gebunden ist. Für die Mitgesellschafter besteht jedoch bei einer einfachen erbrechtlichen Nachfolgeklausel der Nachteil, dass sie nicht beeinflussen können, wer Nachfolger wird.

Wegen der fehlenden Einflussnahmemöglichkeit der übrigen Gesellschafter bei der einfachen erbrechtlichen Nachfolgeklausel hat man die qualifizierte erbrechtliche Nachfolgeklausel entwickelt.

(bb) Qualifizierte erbrechtliche Nachfolgeklausel

Bei einer qualifizierten erbrechtlichen Nachfolgeklausel ist im Gesellschaftsvertrag vereinbart, dass **nur ein Teil der Erben automatisch Gesellschafter wird**.

Beispiel: A, B und C vereinbaren, dass ihre OHG nach dem Tod des C mit dessen Erben, dem Sohn S, fortgesetzt wird. Nach dem Tod des C findet sich ein Testament, nach dessen Inhalt sein Sohn S Alleinerbe ist.

Aufgrund der qualifizierten erbrechtlichen Nachfolgeklausel übernimmt S mit dem Tod des C automatisch dessen Gesellschafterstellung, sodass die Gesellschaft nunmehr aus A, B und S besteht.

Hinweis: Für die Mitgesellschafter hat eine qualifizierte erbrechtliche Nachfolgeklausel den Vorteil, dass sie schon bei Abschluss des Gesellschaftsvertrags wissen, wer potentieller Nachfolger des Erblassers wird; auf der anderen Seite behält der Erblasser durch seine Testierfreiheit bis zu seinem Tod die Steuerungsmöglichkeit, da er die Nachfolge des im Vertrag Berufenen dadurch verhindern kann, dass er ihn nicht zum Erben einsetzt.

Für die Mitgesellschafter besteht bei einer qualifizierten erbrechtlichen Nachfolgeklausel jedoch das Risiko, dass der im Gesellschaftsvertrag vorgesehene Nachfolge vom Erblasser nicht zum Erben bestimmt wird und es daher gar keinen Nachfolger in den Gesellschaftsanteil gibt.

Problematisch ist allerdings, ob der zum Nachfolger berufene Erbe nur einen seiner Erbquote entsprechenden Anteil an dem Gesellschaftsanteil des Verstorbenen gemäß § 1922 BGB automatisch erwirbt oder ob der gesamte Gesellschaftsanteil des Verstorbenen auf ihn übergeht.

133

Die h.M. nimmt in einem solchen Fall eine Nachfolge in die Gesellschafterstellung des Verstorbenen im Wege des **Vollrechtserwerbs** an: Der Miterbe, der hinsichtlich des Gesellschaftsanteils im Gesellschaftsvertrag als Nachfolger benannt ist, erwirbt automatisch dessen Anteil unmittelbar in vollem Umfang. Hierdurch wird eine Abspaltung des Gesellschaftsanteils vermieden, die einen Abfindungsanspruch und daher Kapitalabfluss auslösen würde, der durch solche Vereinbarungen gerade vermieden werden soll.

Beispiel: A, B und C vereinbaren, dass ihre OHG nach dem Tod des C mit dessen Erben, dem Sohn S, fortgesetzt wird. Nach dem Tod des C findet sich ein Testament, nach dessen Inhalt seine Kinder S und T zu je 1/2 seine Erben sind.

Aufgrund der qualifizierten erbrechtlichen Nachfolgeklausel übernimmt S mit dem Tod des C automatisch dessen Gesellschafterstellung und zwar komplett, sodass die Gesellschaft nunmehr aus A, B und S besteht. Würde S die Gesellschafterstellung des C nur zu 1/2 übernehmen, würde hinsichtlich der anderen Hälfte der verstorbene C aus der Gesellschaft ausscheiden und den Erben ein Abfindungsanspruch aus § 738 Abs. 1 S. 2 BGB zustehen. Dieser Kapitalabfluss soll verhindert werden.

Nach a.A. folgt der Ausgleichsanspruch aus § 2050 BGB analog.

T steht bei der Auseinandersetzung des Nachlasses ein erbrechtlicher Ausgleichsanspruch in Höhe der ihr vorenthaltenen Beteiligung am Gesellschaftsanteil aus § 242 BGB zu.

1. Reicht für den Gesellschafterausschluss gemäß § 140 HGB jeder wichtige Grund i.S.v. §133 HGB?

1. Es ist umstritten, welche Anforderungen an den Ausschlussgrund zu stellen sind. Nach h.Lit. ist wegen des eindeutigen Wortlauts der Ausschlussregelung jeder wichtige Grund i.S.v. § 133 HGB ausreichend. Nach h.Rspr. muss es sich um einen besonders wichtigen Grund handeln, da der Ausschluss – im Gegensatz zur Auflösung einer Gesellschaft – nicht alle Gesellschafter gleichermaßen betrifft, sondern allein für den betroffenen Gesellschafter den Verlust künftiger Gewinnbeteiligungen bedeutet.

2. Welche Auswirkungen hat das Ausscheiden eines Gesellschafters?

2. Nach dem in § 738 Abs. 1 S. 1 BGB geregelten „Anwachsungsprinzip" verliert der ausscheidende Gesellschafter automatisch seine Gesellschafterstellung und sein Anteil am Gesellschaftsvermögen wächst den übrigen Gesellschaftern zu. Im Gegenzug erhält der ausgeschiedene Gesellschafter gegen die Gesellschaft gemäß § 738 Abs. 1 S. 2 BGB schuldrechtliche Ansprüche auf Rückgabe von Gegenständen, die er der Gesellschaft zur Benutzung überlassen hat, auf Schuldbefreiung von gemeinschaftlichen Schulden sowie auf Abfindung.

3. Was versteht man unter einer „reinen" bzw. „echten Fortsetzungsklausel"?

3. Eine reine oder echte Fortsetzungsklausel liegt vor, wenn die Gesellschafter vereinbaren, dass die Gesellschaft bei Tod eines von ihnen von den übrigen Gesellschaftern fortgeführt werden soll.

4. Was versteht man unter einer Eintrittsklausel?

4. Bei einer Eintrittsklausel vereinbaren die Gesellschafter, dass bei Tod eines Gesellschafters eine dritte Person (Nicht- oder Mitgesellschafter) das Recht erhält, in die Gesellschaft einzutreten.

5. Was versteht man unter einer Nachfolgeklausel?

5. Bei einer Nachfolgeklausel vereinbaren die Gesellschafter, dass eine dritte Person (Nicht- oder Mitgesellschafter) automatisch in die Gesellschafterstellung des Verstorbenen einrückt. Ist im Gesellschaftsvertrag bereits eine bestimmte Person – unabhängig von ihrer Erbenstellung – als Nachfolger vorgesehen, handelt es sich um eine rechtsgeschäftliche Nachfolgeklausel. Bei einer erbrechtlichen Nachfolgeklausel wird im Gesellschaftsvertrag bestimmt, dass an die Stelle des Verstorbenen dessen Erbe(n) treten soll(en).

3. Abschnitt: GmbH

Der Begriff der Kapitalgesellschaft stammt daher, dass die Gesellschafter verpflichtet werden, ein Mindestkapital aufzubringen.

Die Gesellschaft mit beschränkter Haftung (GmbH) ist eine Körperschaft und gehört zusammen mit der AG und der KGaA zu den sogenannten **Kapitalgesellschaften**, vgl. Überschrift des zweiten Abschnitts vor §§ 264 ff. HGB.

Gemäß § 13 Abs. 1 GmbHG handelt sich um eine **selbstständige juristische Person** des Privatrechts, an der sich die Gesellschafter mit Einlagen auf das in Stammanteile zerlegte Stammkapital beteiligen, ohne persönlich für die Verbindlichkeiten der Gesellschaft zu haften, vgl. § 13 Abs. 2 GmbHG. Nach § 13 Abs. 3 HGB (i.V.m. § 6 HGB) ist die GmbH **Kaufmann kraft Rechtsform**.

!

Im Unterschied zu den Personengesellschaften, die mindestens zwei Gesellschafter voraussetzen, kann die GmbH auch nur eine Person als Gesellschafter haben.

A. Gründungsvorgang der GmbH

Die Gründung der GmbH beginnt mit dem Abschluss des Gesellschaftsvertrages und endet mit der Eintragung im Handelsregister.

I. Abschluss des Gesellschaftsvertrags

Der Gesellschaftsvertrag bedarf der notariellen Beurkundung, § 2 Abs. 1 S. 1 GmbHG und muss die **zwingenden Bestandteile gemäß § 3 Abs. 1 GmbHG** enthalten:

■ **Firma und Sitz der Gesellschaft**

Nach § 4 GmbHG muss die Firma den Rechtsformzusatz „Gesellschaft mit beschränkter Haftung" oder eine allgemein verständliche Abkürzung dieser Bezeichnung, z.B. „GmbH", enthalten.

■ **Gegenstand des Unternehmens**

Für Rechtsanwälte ist die Rechtsform der GmbH gemäß §§ 59 c ff. BRAO zulässig.

Gemäß § 1 GmbHG kann die GmbH zu jedem gesetzlich zulässigen Zweck gegründet werden. Für bestimmte Tätigkeiten ist die Gesellschaftsform der GmbH aufgrund gesetzlicher Regelung ausgeschlossen, z.B. für Apotheken gemäß § 8 ApoG.

■ **Höhe des Stammkapitals**

Das Stammkapital muss grundsätzlich mindestens 25.000 € betragen vgl. § 5 Abs. 1 GmbHG. Gemäß § 5 a GmbHG kann jedoch eine Unternehmergesellschaft mit einem Stammkapital von weniger als 25.000 € gegründet werden. Eine Mindesthöhe ist nicht vorgeschrieben, sodass § 5 Abs. 2 GmbHG gilt und daher theoretisch eine Unternehmergesellschaft mit 1 € gegründet werden kann. Diese Gesellschaft muss gemäß § 5 a Abs. 1 GmbHG abweichend von § 4 GmbHG die Bezeichnung „Unternehmergesellschaft (haftungsbeschränkt)" oder „UG (haftungsbeschränkt)" führen.

■ Übernahme der Geschäftsanteile

Jeder Gesellschafter muss bei der Gründung mindestens einen Geschäftsanteil gegen Leistung einer Einlage auf das Stammkapital **(= Stammeinlage)** übernehmen.

II. Bestellung der Organe der Gesellschaft

Die Gesellschafter können den oder die Geschäftsführer bereits im Gesellschaftsvertrag benennen, vgl. § 6 Abs. 3 S. 2 GmbHG, anderenfalls werden sie in der ersten Gesellschafterversammlung bestellt.

Im Gegensatz zu den Personengesellschaften ist **Fremdorganschaft zulässig**, d.h. es muss kein Gesellschafter zum Geschäftsführer bestellt werden vgl. § 6 Abs. 3 S. 1 GmbHG.

Die erste Gesellschafterversammlung findet i.d.R. im Anschluss an die Beurkundung des Gesellschaftsvertrags statt.

Beispiel: A und B gründen eine GmbH zum Betrieb einer Maschinenfabrik und bestimmen im notariellen Gesellschaftsvertrag ihren Freund F zum Geschäftsführer.

III. Aufbringung des Stammkapitals

Die Stammeinlagen sind grundsätzlich bar einzuzahlen. Gemäß § 5 Abs. 4 GmbHG sind Sacheinlagen zulässig, wenn dies im Gesellschaftsvertrag ausdrücklich vorgesehen ist. Bei der Unternehmergesellschaft sind Sacheinlagen dagegen ausgeschlossen, § 5 a Abs. 2 S. 2 GmbHG.

Vor der Anmeldung zur Eintragung muss von den Bareinlagen gemäß § 7 Abs. 2 S. 1 GmbHG auf jeden Geschäftsanteil mindestens ein Viertel eingezahlt werden; insgesamt muss die Einzahlung mindestens die Hälfte des gesetzlichen Mindeststammkapitals nach § 5 Abs. 1 GmbHG – also 12.500 € – ausmachen, vgl. § 7 Abs. 2 S. 2 GmbHG.

Entspricht eine geleistete Sacheinlage nicht dem versprochenen Wert, hat der Gesellschafter gemäß § 9 GmbHG in Höhe des Fehlbetrags eine Einlage in Geld zu leisten, sogenannte **Differenzhaftung**.

!

Beispiel: A und B gründen eine GmbH zum Betrieb einer Maschinenfabrik und bestimmen im notariellen Gesellschaftsvertrag, dass das Stammkapital 25.000 € betragen soll. Ferner wird vereinbart, dass A eine Geldeinlage i.H.v. 12.500 € erbringt, während B, der seine Einlage i.H.v. 12.500 € nicht in Geld erbringen kann, seinen Lkw an die Gesellschaft übereignet.

Der von B übereignete Lkw ist nur 7.500 € wert. Folglich muss B gemäß § 9 GmbHG in Höhe des Fehlbetrags von 5.000 € eine Einlage in Geld leisten.

IV. Anmeldung der Gesellschaft zum Handelsregister

§ 8 GmbHG normiert die bei der Anmeldung vorzulegenden Unterlagen.

Die Geschäftsführer haben für die Anmeldung der Gesellschaft zur Eintragung in das Handelsregister zu sorgen. Gemäß § 78 GmbHG müssen alle Geschäftsführer gemeinschaftlich – unabhängig von der Regelung der Vertretungsbefugnis – die Anmeldung vornehmen.

V. Eintragung der Gesellschaft im Handelsregister

Mit der Eintragung der GmbH im Handelsregister ist der Gründungsvorgang abgeschlossen und die GmbH entstanden. Dies ergibt sich aus einem **Umkehrschluss zu § 11 Abs. 1 GmbHG**, wonach die Gesellschaft mit beschränkter Haftung vor der Eintragung in das Handelsregister als solche nicht besteht.

B. Gründungsphasen

Dass die GmbH als solche gemäß § 11 Abs. 1 GmbHG erst mit Eintragung im Handelsregister entsteht, bedeutet jedoch nicht, dass es bis zur Eintragung im Handelsregister keine Gesellschaft gibt. Es sind vielmehr folgende Gründungsphasen zu unterscheiden:

I. Vorgründungsgesellschaft

Vorgründungsgesellschaft
■ entsteht mit Vertragsschluss zwecks GmbH-Gründung
■ Rechtsnatur: OHG, wenn Handelsgewerbe i.S.v. § 1 Abs. 2 HGB, sonst GbR
■ Haftung richtet sich nach Regeln des Personengesellschaftsrechts

Sobald mehrere Personen sich darüber einigen, eine GmbH errichten zu wollen, entsteht eine sogenannte **Vorgründungsgesellschaft**.

Dabei handelt es sich um eine GbR gemäß §§ 705 ff. BGB, deren gemeinsamer Zweck auf die Vorbereitung der GmbH-Gründung gerichtet ist.

*Hinweis: Enthält die Einigung bereits eine **rechtsverbindliche** Einigung, dass auf jeden Fall eine GmbH gegründet werden soll, bedarf der Gesellschaftsvertrag der Vorgründungsgesellschaft der notariellen Form des § 2 Abs. 1 S. 1 GmbHG, da anderenfalls der mit der Form bezweckte Schutz vereitelt werden würde.*

Auch wenn keine verbindliche Einigung über die Gründung einer GmbH erfolgt ist, die Parteien jedoch bereits Vorbereitungsgeschäfte zur GmbH-Gründung aufgenommen haben, entsteht eine GbR oder, falls bereits ein Handelsgewerbe i.S.v. § 1 Abs. 2 HGB betrieben wird, eine OHG, die ebenfalls oftmals als Vorgründungsgesellschaft bezeichnet wird.

Mangels Eintragung im Handelsregister kann nur ein Handelsgewerbe i.S.v. § 1 Abs. 2 HGB betrieben werden, da nur bei diesem Handelsgewerbe die Eintragung deklaratorisch wirkt.

Hinweis: Da der Vertrag keine verbindliche Einigung über die Gründung einer GmbH enthält, bedarf er nicht der notariellen Form des § 2 Abs. 1 S. 1 GmbHG.

Die Haftung der Vorgründungsgesellschaft und deren Gesellschafter richtet sich nach den normalen Regeln des Personengesellschaftsrechts.

Beispiel: A und B wollen einen Getränkehandel in Form einer GmbH gründen. Noch vor Abschluss des notariellen Gesellschaftsvertrags beginnen sie in größerem Umfang mit ihrer Geschäftstätigkeit. Da ihre eigenen Kfz nach einiger Zeit für die Auslieferungen zu klein sind, kauft A namens der „GmbH in Gründung" einen VW-Bulli bei H zum Preis von 45.000 €. Wen kann H auf Kaufpreiszahlung in Anspruch nehmen?

I. Anspruch H **gegen eine OHG gemäß § 433 Abs. 2 BGB i.V.m. § 124 HGB**?

1. A und B betreiben in größerem Umfang einen Getränkehandel und daher ein Handelsgewerbe i.S.v. § 1 Abs. 2 HGB, sodass gemäß §§ 105, 123 Abs. 2 HGB eine **OHG besteht**

2. A hat gegenüber H eine eigene Willenserklärung im Namen der „GmbH in Gründung" abgegeben und dadurch deutlich gemacht, dass nicht er persönlich, sondern der Träger des Unternehmens verpflichtet werden soll. Nach den **Grundsätzen des unternehmensbezogenen Geschäfts** wird daher die OHG verpflichtet. Da A gemäß §§ 125 Abs. 1, 126 Abs. 1 HGB auch innerhalb seiner Vertretungsmacht gehandelt hat, ist eine wirksame Stellvertretung gemäß § 164 Abs. 1 BGB gegeben und eine **wirksame Verbindlichkeit der OHG** gegenüber H aus § 433 Abs. 2 BGB i.V.m. § 124 HGB i.H.v. 45.000 € entstanden. H kann daher die OHG auf Kaufpreiszahlung in Anspruch nehmen.

II. Daneben haften die **Gesellschafter A und B gemäß § 433 Abs. 2 BGB i.V.m. § 128 HGB** gegenüber H auf Kaufpreiszahlung i.H.v. 45.000 €.

Mit dem Abschluss des notariellen GmbH-Gesellschaftsvertrags hat die Vorgründungsgesellschaft i.d.R. ihren Zweck erreicht und wird gemäß § 726 BGB aufgelöst. Die Liquidation erfolgt nach den §§ 730 ff. BGB.

II. Vor-GmbH

Vor-GmbH
■ entsteht mit notariellem Gesellschaftsvertrag, § 2 Abs. 1 GmbHG – Mindestinhalt § 3 GmbHG
■ **Rechtsnatur**: rechtsfähige Gesellschaft sui generis, auf die GmbH-Recht analog anwendbar ist, soweit Eintragung nicht vorausgesetzt wird
■ **Haftung der Vor-GmbH-Gesellschafter umstritten**:
▪ h.M.: unbeschränkte, anteilige Innenhaftung (Verlustdeckungshaftung)
▪ a.A.: unbeschränkte Außenhaftung

Mit dem Abschluss des notariellen Gesellschaftsvertrags werden die Voraussetzungen dafür geschaffen, dass aus der Vorgründungsgesellschaft wirklich eine GmbH entsteht. Daher ist es nicht mehr angemessen, diese Gesellschaft nach Personengesellschaftsrecht zu behandeln.

Mit dem Abschluss des notariellen Gesellschaftsvertrags bis zur Eintragung der GmbH im Handelsregister entsteht eine sogenannte **Vor-GmbH** (auch Vorgesellschaft oder GmbH in Gründung oder GmbH i.G. genannt).

! *Hinweis: Die Rechte und Pflichten der Vorgründungsgesellschaft gehen nicht automatisch auf die Vor-GmbH über, sondern es muss, soweit eine Übernahme der Rechtsposition von den Gesellschaftern gewünscht wird, eine entsprechende rechtsgeschäftliche Vereinbarung getroffen werden.*

1. Rechtsnatur

Die Vor-GmbH ist rechtsfähig, aber mangels Eintragung keine juristische Person.

Bei der Vor-GmbH handelt es sich um eine **rechtsfähige Gesellschaft sui generis**, auf die wegen ihrer Nähe zur GmbH das **GmbH-Recht (analog)** anwendbar ist, soweit die Vorschriften nicht gerade die Eintragung voraussetzen.

Mit der Eintragung der GmbH im Handelsregister wandelt sich die Vor-GmbH in die GmbH um, sie ist mit dieser identisch.

2. Haftungsstruktur in der Vor-GmbH

Mangels gesetzlicher Regelung der Vor-GmbH ist die Haftungs-struktur in dieser Gesellschaft teilweise umstritten.

a) Haftung der Vor-GmbH

Unstreitig ist, dass die Vor-GmbH als rechtsfähige Gesellschaft den Gläubigern gegenüber mit ihrem Gesellschaftsvermögen haftet und im rechtsgeschäftlichen Verkehr von ihren Geschäftsführern analog § 35 GmbHG vertreten wird.

!

Umstritten ist jedoch, wieweit der **Umfang der Vertretungs-macht der Vor-GmbH-Geschäftsführer** reicht:

- **Nach einer Ansicht** hat der Vor-GmbH-Geschäftsführer gemäß **§§ 35 ff. GmbHG analog** unbeschränkte Vertretungsmacht für alle gerichtlichen und außergerichtlichen Handlungen.

- **Nach h.M.** ist die Vertretungsmacht des Vor-GmbH-Geschäfts-führers grundsätzlich auf **notwendige Gründungsgeschäfte** beschränkt, sie ist aber **durch Zustimmung der Gesellschafter erweiterbar**. Dadurch soll einerseits verhindert werden, dass die GmbH infolge der Tätigkeit der Vor-GmbH überschuldet ins Leben tritt und andererseits soll durch die Zustimmungsmög-lichkeit der Gesellschafter eine gewisse Flexibilität geschaffen werden.

- **Stellungnahme**: Eine unbeschränkte Vertretungsmacht des Vor-GmbH-Geschäftsführers ist den Gesellschaftern im Hinblick auf die sogenannte Unterbilanzhaftung nicht zuzumuten. Nach der Unterbilanzhaftung haften die Gesellschafter der GmbH ana-log § 9 GmbHG gegenüber der GmbH anteilig und unbeschränkt auf Auffüllung des Defizits, das sich im Moment der Eintragung der GmbH aufgrund der Geschäftätigkeit der Vor-GmbH im Vergleich zum versprochenen Stammkapital ergibt.

> Unterbilanzhaftung: un-beschränkte, anteilige In-nenhaftung der Gesell-schafter gegenüber der GmbH für die Differenz zwischen versprochenem Stammkapital und bei Eintragung tatsächlich vorhandenem Vermögen.

Beispiel: Der Vor-GmbH-Geschäftsführer hat in Vorbereitung der Geschäfte der Gesellschaft einen Lkw erworben und hat dafür die von den Gesellschaf-tern bereits erbrachten Einlagen ausgegeben sowie ein Darlehen bei der B-Bank i.H.v. 50.000 € namens der Gesellschaft aufgenommen. Noch vor der Eintragung der Gesellschaft wird der Lkw gestohlen, sodass bei Eintragung der GmbH statt der als Stammkapital versprochenen 25.000 € lediglich Schulden i.H.v. 50.000 € vorhanden sind.

Die Gesellschafter A und B haften für die Unterbilanz von 75.000 € gegenüber der GmbH unbeschränkt anteilig. D.h. jeder von ihnen muss 37.500 € an die GmbH zahlen, um das Finanzdefizit zu tilgen. Diese Haftung ist A und B nur zuzumuten, wenn sie den Vertragsabschlüssen des Vor-GmbH-Geschäftsführers jeweils zugestimmt haben.

b) Haftung der Vor-GmbH-Gesellschafter

!

Ferner ist **umstritten, ob und inwieweit die Vor-GmbH-Gesellschafter den Gläubigern gegenüber haften**:

■ **Nach früher h.M. und Rspr.** traf die Gesellschafter der Vor-GmbH eine **beschränkte Außenhaftung**. D.h. sie hafteten gegenüber den Gläubigern für die Verbindlichkeiten der Vor-GmbH persönlich, jedoch war ihre die Haftung der Höhe nach auf die Stammeinlage beschränkt und erlosch, wenn ein Gesellschafter seine Einlage erbracht hatte.

Handelt der Geschäftsführer der Vor-GmbH im Namen der GmbH wird über die Grundsätze des unternehmensbezogenen Rechtsgeschäfts die Vor-GmbH verpflichtet!

Der Geschäftsführer der Vor-GmbH handele gegenüber dem Gläubiger im Namen der (Vor-) GmbH und bringe dadurch zum Ausdruck, dass nur die Gesellschaft verpflichtet werden soll, die mit ihrem Vermögen haftet. Der Gläubiger dürfe darauf vertrauen, dass das versprochene Stammkapital als Gesellschaftsvermögen aufgebracht werde. Da das Stammkapital die Summe der Stammeinlagen der Gesellschafter sei, dürfe der Gläubiger darauf vertrauen, dass jeder Gesellschafter seine Stammeinlage erbringe. Daher bestehe eine Haftung der Gesellschafter der Vor-GmbH gegenüber den Gläubigern nur, soweit sie ihre Einlage noch nicht erbracht haben.

Diese Auffassung wurde mittlerweile aufgegeben, da sie bei überschuldeter Vor-GmbH mit einer **erhebliche Missbrauchsgefahr** verbunden ist:

Beispiel: Der Vor-GmbH-Geschäftsführer hat mit Zustimmung der Gesellschafter Verträge geschlossen, durch die die bereits geleisteten Einlagen der Gesellschafter verbraucht worden sind und die Vor-GmbH Schulden i.H.v. 100.000 € hat.

Wenn die Gesellschafter nunmehr ihre Pläne zur Gründung einer GmbH aufgeben und den Geschäftsbetrieb einstellen, hat der Gläubiger einen Anspruch gegen die Vor-GmbH, den er wegen ihrer Vermögenslosigkeit nicht realisieren kann. Eine Haftung der Vor-GmbH-Gesellschafter scheidet aus, da sie ihre Einlagen bereits erbracht haben.

Aufgrund dieser Missbrauchsgefahr ist man sich darüber einig, dass eine beschränkte Außenhaftung der Vor-GmbH-Gesellschafter für die Gläubiger der Vor-GmbH unzumutbar ist, es ist allerdings umstritten, welche Konsequenz daraus zu ziehen ist.

■ **Nach heute h.M. und Rspr.** haften die Gesellschafter der Vor-GmbH grundsätzlich gar nicht im Außenverhältnis, sondern nur **unbeschränkt, anteilig im Innenverhältnis**, sogenannte **Verlustdeckungshaftung**. Dadurch sei ein Gleichlauf der Gesellschafterhaftung vor und nach der Eintragung gegeben: vor der Eintragung unbeschränkte, anteilige Innenhaftung gegenüber der Vor-GmbH (Verlustdeckungshaftung), bei Defiziten im Moment der Eintragung der GmbH unbeschränkte, anteilige Innenhaftung gegenüber der GmbH (Unterbilanzhaftung). Zudem werde das Innenhaftungskonzept der GmbH beibehalten.

Um den Gläubigern eine aussichtslose oder unzumutbare Inanspruchnahme der Vor-GmbH zu ersparen, nimmt die heute h.M. und Rspr. eine unbeschränkte, anteilige Außenhaftung der Vor-GmbH-Gesellschafter an, wenn die Vor-GmbH vermögenslos ist oder wenn weitere Gläubiger nicht vorhanden sind oder wenn eine Einmann-Vor-GmbH gegeben ist.

> Der Fall der Vermögenslosigkeit der Vor-GmbH ist in der Praxis der einzige Fall, in welchem es einen Gläubiger wirklich interessiert, ob er auch Ansprüche gegen die Gesellschafter hat.

■ **Nach a.A.** trifft die Gesellschafter einer Vor-GmbH eine **unbeschränkte Außenhaftung**, da es keine Regelung über die Einschränkung der Haftung der Gesellschafter einer Vor-GmbH gebe und diese Haftung einen optimalen Gläubigerschutz gewährleiste.

Beispiel: Der Vor-GmbH-Geschäftsführer hat mit Zustimmung der Gesellschafter Verträge geschlossen, durch die die bereits geleisteten Einlagen der Gesellschafter verbraucht worden sind und die Vor-GmbH Schulden i.H.v. 100.000 € hat. Gläubiger G, der der Vor-GmbH ein Darlehen über 20.000 € gewährt hat, fragt nach seinen Ansprüchen gegen die Vor-GmbH-Gesellschafter A und B.

I. Nach h.M. haften A und B grundsätzlich überhaupt nicht gegenüber G. Aufgrund der Vermögenslosigkeit der Vor-GmbH besteht jedoch eine unbeschränkte, anteilige Außenhaftung, sodass G gegenüber A und B aus § 488 Abs. 1 S. 2 BGB jeweils ein Anspruch auf Zahlung von 10.000 € zusteht.

II. Nach a.A. haften die Gesellschafter A und B gegenüber G gemäß § 488 Abs. 1 S. 2 BGB (i.V.m. § 128 HGB analog) i.H.v. 20.000 €.

> Nach der Eintragung der GmbH im Handelsregister ist der beim Amtsgericht hinterlegte Gesellschaftsvertrag für die Gläubiger zugänglich.

III. Stellungnahme: Die Auffassung der h.M. ist dogmatisch sehr überzeugend, weist jedoch praktische Schwächen auf: aufgrund der anteiligen Haftung der Vor-GmbH-Gesellschafter muss der Gläubiger ermitteln, in welchem Verhältnis die Gesellschafter an der Vor-GmbH beteiligt sind. Diese Information ist vor der Eintragung nicht öffentlich zugänglich und daher für den Gläubiger schwer zu ermitteln.

c) Handelndenhaftung gemäß § 11 Abs. 2 GmbHG

Gemäß § 11 Abs. 2 GmbHG haftet der Handelnde für rechtsgeschäftliche Verbindlichkeiten gegenüber den Gläubigern unbeschränkt.

> **Voraussetzungen und Rechtsfolge des § 11 Abs. 2 GmbHG**
>
> **I. Voraussetzungen:**
>
> ■ Anspruchsgegner = Handelnder
>
> ■ rechtsgeschäftliches Handeln vor Eintragung der Gesellschaft
>
> ■ Handeln „im Namen der Gesellschaft"
>
> **II. Rechtsfolge:** Handelnde haften den Gläubigern als Gesamt-schuldner („solidarisch")

aa) Voraussetzungen des § 11 Abs. 2 GmbHG

(1) Zunächst ist Voraussetzung, dass der Inanspruchgenommene **Handelnder i.S.d. § 11 Abs. 2 GmbHG** ist. Dies ist **jeder Geschäftsführer und jeder, der sich wie ein Geschäftsführer geriert**.

(2) Dieser muss er vor der Eintragung der Gesellschaft **rechtsgeschäftlich** gehandelt haben. Gesetzliche Verbindlichkeiten fallen nicht unter § 11 Abs. 2 HGB.

Beispiel: Handelndenhaftung erfasst keine Steuerschulden oder Sozialversicherungsbeiträge.

(3) Es muss **„im Namen der Gesellschaft"** gehandelt worden sein.

Nach Ansicht des BGH hat § 11 Abs. 2 GmbHG also denselben Rechtsgedanken wie § 179 Abs. 1 BGB: auch diese Regelung soll sicherstellen, dass der Vertragspartner einen Anspruchsgegner hat, wenn der eigentlich versprochene Anspruchsgegner nicht haftet.

Ein Handeln im Namen der Gesellschaft i.S.v. § 11 Abs. 2 GmbHG liegt dabei **nach der Rspr.** nur vor, wenn **ausdrücklich im Namen der künftigen GmbH** gehandelt worden ist. Der Grund für die Haftung aus § 11 Abs. 2 GmbHG bestehe darin, den Gläubigern einen Anspruchsgegner für den Fall zu verschaffen, dass er sonst keinen Anspruchsgegner habe. Daher greife § 11 Abs. 2 GmbHG nur ein, wenn die GmbH (noch) nicht existiere und die Vor-GmbH nicht verpflichtet worden ist. Daher sei ein ausdrückliches Auftreten namens der künftigen GmbH erforderlich.

Hinweis: In aller Regel wird bei einem Auftreten für die (noch) nicht existente GmbH nach den Grundsätzen des unternehmensbezogenen Rechtsgeschäfts die Vor-GmbH verpflichtet, sodass § 11 Abs. 2 GmbHG nach der Interpretation der h.Rspr. einen sehr engen Anwendungsbereich hat.

Nach h.Lit. ist wegen des unklaren Wortlauts des § 11 Abs. 2 GmbHG **auch ein Handeln im Namen der Vor-GmbH ausreichend**.

bb) Rechtsfolge des § 11 Abs. 2 GmbHG

Der Handelnde haftet gegenüber den Gläubigern unbeschränkt persönlich. Mehrere Handelnde haften als Gesamtschuldner gemäß §§ 421 ff. BGB („solidarisch").

Hinweis: Wird der Handelnde aus § 11 Abs. 2 GmbHG in Anspruch genommen, ist ihm die Vor-GmbH und nach ihrem Entstehen die GmbH aus dem mit ihr bestehenden Rechtsverhältnis regress- und freistellungspflichtig, sofern er seine Befugnisse nicht überschritten hat.

!

3. „Unechte Vor-GmbH"

Es kommt vor, dass die Gesellschafter einer Vor-GmbH ihre Absicht, eine GmbH zu gründen, aufgeben, aber ihren Geschäftsbetrieb gemeinsam fortführen wollen. In diesem Fall existiert keine Vor-GmbH mehr, sondern es ist jetzt eine **Personengesellschaft** in Form einer **OHG**, falls ein Handelsgewerbe i.S.v. § 1 Abs. 2 HGB betrieben wird, **oder** eine **GbR** entstanden. Es hat sich in Literatur und Rspr. für diese Fallkonstellation der Begriff „**unechte Vor-GmbH**" entwickelt.

unechte Vor-GmbH: Gesellschafter einer Vor-GmbH haben ihre Absicht, eine GmbH zu gründen, aufgegeben, wollen aber ihren Geschäftsbetrieb gemeinsam fortführen.

Der Gläubiger, der einen Anspruch gegen die Vor-GmbH hatte, hat nunmehr einen Anspruch gegen den jetzt vorhandenen Unternehmensträger, also gegen die OHG oder GbR – die unechte Vor-GmbH.

Fraglich ist, ob daneben auch die Gesellschafter der unechten Vor-GmbH gegenüber den Gläubigern haften: Der BGH hat in seiner früheren Rspr. aus Gründen der Rechtssicherheit eine Beibehaltung der reinen Innenhaftung der Gesellschafter auch bei Aufgabe der Eintragungsabsicht befürwortet. Mittlerweile besteht jedoch darüber Einigkeit, dass die **Gesellschafter** der „unechten Vor-GmbH" **unbeschränkt im Außenverhältnis** haften, da sie Gesellschafter einer Personengesellschaft sind und daher kein Grund ersichtlich ist, sie hinsichtlich der Haftung privilegieren.

III. GmbH

Mit der Eintragung im Handelsregister hört die Vor-GmbH auf zu existieren und es entsteht die GmbH als solche, vgl. § 11 Abs. 1 GmbHG.

Aufgrund der Identität zwischen Vor-GmbH und GmbH kann ein Gläubiger, der gegen die Vor-GmbH einen Vollstreckungstitel erwirkt hat, aus diesem die Zwangsvollstreckung gegen die GmbH betreiben, ohne den Titel umschreiben lassen zu müssen.

Hinweis: *Aufgrund der Identität zwischen der Vor-GmbH und der GmbH übernimmt die GmbH automatisch sämtliche Aktiva und Passiva der Vor-GmbH. Eine bis dahin bestehende Handelndenhaftung oder Haftung der Vor-GmbH-Gesellschafter erlischt mangels weiterer Schutzwürdigkeit der Gläubiger mit der Eintragung der GmbH.*

Gemäß § 13 Abs. 1 GmbHG ist die GmbH eine juristische Person und gemäß § 6 HGB i.V.m. § 13 Abs. 3 GmbHG **Formkaufmann**.

Für Verbindlichkeiten, die nach der Eintragung der GmbH entstanden sind, haftet nur die GmbH, vgl. § 13 Abs. 2 GmbHG. Die Gesellschaft wird durch ihre Geschäftsführer gemäß §§ 35 ff. GmbHG vertreten. Die Geschäftsführer haben unbeschränkbare Vertretungsmacht für alle gerichtlichen und außergerichtlichen Handlungen.

Pflichtverletzungen der Geschäftsführer werden der GmbH analog § 31 BGB zugerechnet; bei Pflichtverletzungen, die von anderen Hilfspersonen begangen werden, erfolgt die Zurechnung im vertraglichen Bereich über § 278 BGB und eine deliktische Haftung der GmbH kann sich aus § 831 BGB ergeben.

Sollte das Gesellschaftsvermögen zur Zeit der Eintragung unter dem Betrag des Stammkapitals liegen, so haften die Gesellschafter anteilig und unbeschränkt auf Auffüllung des Defizits, sogenannte **Unterbilanzhaftung aus § 9 GmbHG analog**.

1. Wann entsteht eine GmbH?

1. Aus einem Umkehrschluss aus § 11 Abs. 1 GmbHG folgt, dass die GmbH als solche mit der Eintragung im Handelsregister entsteht.

2. Was versteht man unter der Differenzhaftung?

2. Die Differenzhaftung tritt ein, wenn eine geleistete Sacheinlage nicht dem versprochenen Wert entspricht. Der Gesellschafter hat gemäß § 9 GmbHG in Höhe des Fehlbetrags eine Einlage in Geld zu leisten.

3. Was ist eine Vorgründungsgesellschaft?

3. Ein Vorgründungsgesellschaft entsteht, sobald mehrere Personen sich darüber einigen, eine GmbH errichten zu wollen. Es handelt sich um eine GbR, deren gemeinsamer Zweck auf die GmbH-Gründung gerichtet ist. Auch wenn keine verbindliche Einigung über die Gründung einer GmbH erfolgt ist, die Parteien jedoch bereits Vorbereitungsgeschäfte zur GmbH-Gründung aufgenommen haben, entsteht eine GbR oder, falls bereits ein Handelsgewerbe i.S.v. § 1 Abs. 2 HGB betrieben wird, eine OHG, die ebenfalls oftmals als Vorgründungsgesellschaft bezeichnet wird.

4. Was ist eine Vor-GmbH?

4. Eine Vor-GmbH entsteht mit Abschluss des notariellen GmbH-Gesellschaftsvertrags und besteht bis zur Eintragung der GmbH ins Handelsregister. Es handelt sich um eine rechtsfähige Gesellschaft sui generis, auf die wegen ihrer Nähe zur GmbH das GmbH-Recht (analog) anwendbar ist, soweit die Vorschriften nicht gerade die Eintragung voraussetzen.

5. Haften die Vor-GmbH-Gesellschafter gegenüber den Gläubigern?

5. Nach heute h.M. und Rspr. haften die Gesellschafter der Vor-GmbH grundsätzlich gar nicht im Außenverhältnis, sondern nur unbeschränkt, anteilig im Innenverhältnis, sogenannte Verlustdeckungshaftung. Nach a.A. trifft die Gesellschafter einer Vor-GmbH eine unbeschränkte Außenhaftung, da diese Haftung einen optimalen Gläubigerschutz gewährleiste.

6. Was ist eine unechte Vor-GmbH?

6. Eine unechte Vor-GmbH liegt vor, wenn die Gesellschafter einer Vor-GmbH ihre Absicht, eine GmbH zu gründen, aufgegeben haben, aber ihren Geschäftsbetrieb gemeinsam fortführen. Es handelt sich um eine OHG oder GbR.